Hanse zur See

Als Pfeffersäcke nach der Weltmacht griffen

Hanse zur See

Als Pfeffersäcke nach der Weltmacht griffen

Text Kurt Grobecker
Zeichnungen Klaus Fischer

**Edition
Die Barque**

Inhalt

Zur Einstimmung 7

Willkommen an Bord und Leinen los! 9

Ein englischer König als Namensgeber 20

Nicht „gegründet", sondern einfach „entstanden" 23

Ein Bauernvolk mach Handelsgeschichte 28

Durchstarten beim dritten Anlauf 31

Planen und reagieren – angreifen und parieren 35

„Bevorzugte Stadt des mächtigsten Reichsfürsten" 38

Der Griff nach Gotland 42

Kleiner Exkurs: Reinlichkeit
und Lust in einem „Abwasch" 47

Die „Ostkolonisation" trägt Früchte 51

„Bürger-stolze" Rathäuser auf dem Marktplatz 54

Kleiner Exkurs: Von den Buchhaltern des Henkers 59

„Deutschritter" erobern das Land der Pruzzen 63

Die „Südmänner" ziehen
ins Paradies der Fischhändler 69

Test the West: Die „Osterlinge" 73

Handelsboykott als Druckmittel 76

Hansetag beschließt „Solidaritätsabgabe" 78

Kleiner Exkurs: Die „Hansespiele" in Bergen 82

Todesstrafe für einen glücklosen Kriegsherrn 87

Von Partnern zu Feinden: Die Vitalienbrüder 92

Störtebeker sprook: „Alltohand!
De Westsee is uns wohlbekannt!" 96

Blütezeit mit Fäulnistendenzen 101

Die Hanse auf dem Rückzug 104

Der „Hanse-Königin" die Krone vom Kopf gestoßen ... 109

Eine Lebensform verkümmert zum Lebensgefühl 114

Zeittafel zur Hansegeschichte 117

Benutzte Literatur 135

Zur
Einstimmung

Sich mit einem Schiff auf die Spuren der Hanse zu begeben, gehört sicher zu den reizvollsten Erfahrungen in europäischen Gewässern. Daß man sich dabei auf die Ostsee konzentriert, macht ebenfalls Sinn: Kaum sonstwo hat die deutsche Hanse auf so engem Raum so viele Zeugnisse ihres großartigen Wirkens hinterlassen. Kaum sonstwo hat sie auf einem geografisch begrenzten Gebiet so viele steinerne Denkmale ihrer faszinierenden Geschichte errichtet wie an den Küsten zwischen Lübeck und Danzig.

Und kaum sonstwo läßt sich die Idee, die das Werk hansischer Kaufleute beflügelte, besser erahnen als an ihrer östlichen Basis: im gotländischen Visby.

So gesehen macht es Sinn, wenn sich ein Zeichner und ein Textautor von Lübeck aus auf die gedankliche Entdeckungsreise begeben haben: Lübeck stand als „Königin der Hanse" fast vier Jahrhunderte lang an der Spitze des Bündnisses.

Bei der zeichnerischen und feuilletonistischen Umsetzung des Themas Hanse handelt es sich um Skizzen, um flüchtige Eindrücke und Impressionen, die nur ein kleines Spektrum dessen abdecken, was die Hanse insgesamt war: ein komplexes und vielschichtiges Gebilde mit vielfältigen Facetten und stets wechselnden politischen Konstellationen und Bewertungen, die ganze Bibliotheken mit dickleibigen Wälzern füllen.

Die „Hanse zur See" will nicht mehr und nicht weniger sein als ein Bilderbuch- und Lesevergnügen, das auf amüsante Art in die Hanse einführt und einer Reise durch die Ostsee die richtige Würze gibt.

Kurt Grobecker
Klaus Fischer

Willkommen an Bord
und Leinen los!

„Der alte knorrige Stamm der Hansa war stehengeblieben, und bis heute war seine Wurzel grün und frisch."

So überzeugend und für einen deutschen Professor ungewöhnlich bildhaft stellte F. W. Barthold zu Beginn dieses Jahrhunderts seine Diagnose, die dem Patienten einen vitalen Lebensabend in Aussicht stellte.

Dabei lag dieser Patient seit zweieinhalb Jahrhunderten im Koma. 1669 hatte der letzte der auch schon vorher nicht sonderlich ernstgenommenen Hansetage stattgefunden, auf dem

der Patient nicht einmal mehr ein Testament zustandegebracht hatte. Nur noch acht Städte hatten sich nach Lübeck bemüht, sie palaverten zwei Wochen lang über eine Kooperation mit den süddeutschen Reichsstädten, machten satte Spesen und liefen unverrichteter Dinge wieder auseinander. Dieses Ergebnis einen mageren Abgesang zu nennen, wäre allzu euphemistisch. Es war nach kaufmännischen Maßstäben eine glatte Bankrotterklärung!

Vorausgegangen waren dieser Schlußdissonanz einer zeitweise grandiosen Sinfonie mit brillanten Kadenzen und furiosen Fortissimos deutliche Decrescendi als unüberhörbare Signale des Niedergangs.

Die Auseinandersetzungen um die „Merchant Adventurers" sind ein Indiz sowohl für den Druck, der von außen auf die Hanse ausgeübt wurde, sobald sie Schwächen erkennen ließ, als auch für die Auflösungstendenzen, die durch Unbotmäßigkeit im Innern nach und nach an Dynamik gewannen.
Ein Erwachen des Handelsgeistes auch in fremden Ländern, so bemerkt ein Autor im frühen 20. Jahrhundert, habe die „hansische Spekulation überflügelt und ihre Comptoire in Brüssel, Antwerpen und London in Verfall" gebracht.

Königin Elisabeth I. von England ließ sich von ihren kaufmännischen Abenteurern gegen die Hansekaufleute aufwiegeln. Auch ohne vom Rinderwahnsinn befallen zu sein, bliesen die Söhne John Bulls zum Krieg gegen kontinentale Wirtschaftserfolge und verhinderten die Befrachtung hansischer Schiffe zugunsten ihrer eigenen. Was nicht ausdrücklich verboten war, erschwerten sie durch Zölle, die einem Verbot gleichkamen. Sehr zum Leidwesen der anglophilen Elbhanseaten, denen Heinrich Heine viel später bescheinigen wird, daß ihre Sitten englisch und das Essen himmlisch seien. Wobei Heine mindestens mit dem zweiten Teil der Aussage arg daneben lag!

10

Der Affront der englischen Königin hatte natürlich eine Vorgeschichte, die durch das Ausscheren einzelner aus dem Interessenverband Hanse gekennzeichnet ist.

Nicht nur, weil die Hamburger ihre eigenen Geschäfte durch Elisabeths Politik den Bach heruntergehen sahen, sondern auch, weil sie ihre „englischen Vettern" heiß und innig liebten, erlaubten sie denen, 1567 unter dem ausdrücklichen Schutz der Stadtgöttin Hammonia an der Elbe einen „English Court" zu errichten. Und sie gaben ihnen zum Privileg der freien Aus- und Einfuhr ihrer Waren und der Freiheit, zu glauben, was sie wollten, auch noch ein Darlehen für einen dem Vergnügen geweihten „Bosselhof". Schließlich mußte man die ins Nest geholten Konkurrenten bei Laune halten. So hatten die Merchant Adventurers", die „wagenden Kaufleute" von der anderen Seite des Kanals, in Hamburg endlich ihre Niederlassung und damit einen Fuß in der Tür zur Hanse.

Die Engländer erwiesen sich damit als gelehrige Schüler der Hanseaten. Aber so geht es ja vielen Lehrern: Zuerst versuchen sie, anderen etwas beizubringen. Aber wehe, wenn die ihre Lektion begriffen haben und ihr Wissen gar gegen die Lehrmeister anwenden, dann ist Schluß mit lustig. Die Hanse reagierte jedenfalls sauer. Besonders auf Hamburg. Denn nach den Regeln des Hansebundes, die niemals förmlich aufgeschrieben, geschweige denn verabschiedet worden waren, hatte Hamburg mit seiner Duldung der Engländer Ungeheuerliches zugelassen. Der Rat geriet unter Druck. Und als nach zehn Jahren die Erneuerung des Niederlassungsvertrages anstand, mußte Hamburg auf massiven Druck seiner Mithanseaten die Engländer wieder hinauskomplimentieren.

Das war ziemlich dumm und zum Nachteil für die Hanse. Denn Elisabeth war „not amused" und blies von ihrem Thron zum Gegenangriff. Sie „nahm Schiffe und Güter , unermeßlich

am Werthe, weg". Und sie ließ alle hansischen Kaufleute aus London vertreiben und deren Comptoirs schließen.

Das tat weh. Auch den Lübeckern, die über den Hamburger Alleingang am meisten gemeckert und schließlich die Rote Karte gezogen hatten. Einer ihrer wackeren Handelsleute, die in London so schöne Geschäfte gemacht hatten, schrieb an seine Lieben daheim einen herzergreifenden Brief von der Themse an die Trave:

„Hierauf seint wir entlichen, weill es Immer anders nicht sein mögen, mit Betrübniß unseres Gemüts, der Oldermann voran, und wir andern hernacher zur Pforte hinausgegangen, und ist die Pforte nach uns zugeschlossen worden, haben auch die Nacht nicht darin wohnen mögen. Gott erbarm!"

Der Liebe Gott erbarmte sich nicht! Er wird seine Gründe gehabt und sich vielleicht auch ein bißchen gewundert haben – Wunder gehören ja zu seiner Profession – mit welcher Konsequenz Hamburg zu diesem Zeitpunkt eigentlich schon der „Königin der Hanse" die Krone vom Kopf gestoßen hatte.

Das lag natürlich auch an der allmählichen Verlagerung der großen Handelsströme nach Westen. Hamburg war dadurch zunächst Lübecks Tor zur neuen Welt geworden und hatte Lübeck schließlich seinerseits zu seinem Vorhafen an der Ostsee degradiert.

Das aber war nur das Ende eines langen Prozesses gewesen, der durch Hamburgs Eigenwilligkeit immer schön am Kochen gehalten worden war. Die wohlweisen Ratsherren an der Elbe (die dieses Attribut damals noch zu Recht trugen), sahen sich oft vor Probleme gestellt, wenn sie ihre städtischen Interessen mit den Aktionen der Hanse in Einklang bringen sollten.

Als sich die Hansestädte gegen die dänischen Hegemonialbestrebungen im Ostseeraum zur Wehr setzten und zunächst unterlagen, ist Hamburg diesem Schritt nur widerwillig gefolgt und hat sich wegen der zu entrichtenden Kriegskosten mehrfach mahnen lassen. Als 1367 auf einem Hansetag in Köln erneut militärische Maßnahmen gegen Dänemark beschlossen wurden, war Hamburg dort nicht vertreten, um den Beschluß nicht mittragen zu müssen. Man ließ Hamburg die Beschlüsse förmlich mitteilen, aber die Elbhanseaten zögerten ihre Zustimmung immer wieder hinaus. Zwar waren sie zur Erhebung eines Kriegszolls bereit und versprachen auch, den Handelsverkehr mit Dänemark einzustellen, aber eine Kriegsmannschaft und Kriegsrüstung mochten sie nicht stellen, obwohl ihnen Lübeck als Verhandlungsführer mit einem Kompromiß entgegengekommen war.
Für die Hamburger war dies eine kritische Situation: einerseits fürchteten sie, die Dänen könnten ihren Lebensnerv, die Elbe, unsicher machen, auf der anderen Seite riskierten sie den Ausschluß aus der Hanse. Und der wäre nur schwer zu verkraften gewesen. Er hätte Hamburg nicht nur um seinen heute so tourismusträchtigen Ehrentitel „Freie und Hansestadt" gebracht. Er hätte auch zu einer Strafe führen können, die auf dem

Höhepunkt der Hanse-Macht ruinös gewesen wäre: Mitglieder, die ihre Pflichten gegenüber dem Städtebund nicht erfüllten und Beschlüsse mißachteten, mußten sich die „Verhansung" gefallen lassen. Dies bedeutete, daß die betreffende Stadt ihre hansischen Privilegien verlor und auch keinen Handel mehr mit anderen Hansestädten treiben durfte. Mobbing war angesagt! Was wir heute mit dem Wort „hänseln" umschreiben, kennzeichnet einen relativ harmlosen Tatbestand. Wer in jener Zeit gehänselt wurde, indem die Hanse ihre Macht rigoros nutzte, der galt als vogelfrei und schutzlos.

Dies war sicher ein Grund dafür, daß Hamburg jedenfalls noch bis gegen Ende des 14. Jahrhunderts nach mancherlei ratsherrlichen Eskapaden immer wieder einlenkte. Auch im Fall der Auseinandersetzung mit den Dänen um die Vorherrschaft im Ostseeraum, in der sich ja die Elbhanseaten auf dem Hansetag in Köln 1367 um ein klares Votum herumgemogelt hatten. Nachdem nämlich die Dänen ohne Hamburgs Mitwirkung besiegt waren, entschlossen sie die Ratsherren in ihrer grenzenlosen Weisheit, doch noch der „Kölner Konföderation" beizutreten und mit für die Kriegskosten aufzukommen.

Eine solche Politik bestärkte die Hanse-Partner in ihrem keineswegs unbegründeten Verdacht, die Hamburger wollten immer nur ein bißchen Krieg spielen, wo nach Ansicht des Bundes volles Zuschlagen angesagt war. Man sagte, die Elbhanseaten ließen ihre Kriegsschiffe immer erst so spät in See gehen, daß sie nie pünktlich zur Seeschlacht „vor Ort" waren. Das war aber immer noch früh genug, um an einer eventuellen Siegesfeier teilzunehmen. Erfuhren sie unterwegs, daß die Schlacht verloren war, lohnte sich das Weitersegeln ohnehin nicht und sie ließen ihre Flotte gleich beidrehen.

Wie war das doch mit der eingangs zitierten professoralen Entdeckung des „knorrigen Stamms" über einer frischen und grü-

16

MECKELNBVRGK   ·ROSTOCHIVM·

·WTIS MARIA·

nen Wurzel? Ein bißchen gelitten haben dürfte der Stamm wohl schon. Zwar einstweilen noch nicht durch sauren Regen, aber unsere Zeit liefert uns ja einen eindringlichen Anschauungsunterricht dafür, wie man eine gutgemeinte Sache auf angemessen Weise kleinkriegt.

Brüssel läßt grüßen!

Da wird nämlich der gewaltige Spesenaufwand beklagt, den sich die Akteure für ihre Reisen zu den Hansetagen genehmigten. Als 1540 zwei Bürgermeister aus Lüneburg nach Lübeck reisten – was ja auch nach mittelalterlichen Maßstäben keine Weltreise war – geschah dies mit einem bemerkenswerten finanziellen Aufwand. Dank einer im 16. Jahrhundert noch nicht allzu gut organisierten Steuerfahndung sind uns die Aufzeichnungen über die Reise der beiden Herren erhaltengeblieben:

Sie hatten mit sich 21 gerüsteten Pferden, einem „Fourier" – einem Rechnungsführer – einem Koch und vier Kutschpferden auf die Reise begeben. Daß dabei auch ein ansehnlicher Verzehr auf die Spesenrechnung kam, liegt auf der Hand. In den „Specificationen" ist alles fein aufgeführt, unter anderem „2 Stiege Heringk, 32 Höhner, 1 Quart Brandwin, 3 Ossentungen, 1 Hase, 1 Reh, 9 Pfund Botter und Erdbeeren." Bei jeder Mahlzeit gab es „Peterzilie, Ervett (Erbsen), Kohl, Zallath (Salat) und Worteln." Auf der Rechnung standen auch noch die Kosten für „een Ossen und 21 junge Höhner", außerdem der Lohn für „eine Schöttelwascherin alle Dage" und den „Waterdräger". Schließlich ließen sich die Herren auch noch mancherlei Geschenke erstatten, zum Beispiel an „Giegeler", weil ja etwas Tischmusik die Laune hebt, sowie für „Piper und Trummelschläger". Schließlich belohnte man auch noch den Schulmeister von „Sünte Peter", „wyl he heft eene Comedien latinisch . . . gespellet."

Vielleicht hat der „alte knorrige Stamm" in jüngerer Zeit gerade deshalb wieder ein paar Triebe ausgefahren und vorsichtig einige Blätter entrollt, weil uns vieles an ihm und seiner Zeit so vertraut ist.

Die „Hansetage der Neuzeit" sind ein zaghafter Versuch einer alten Philosophie mit anderen Inhalten zu neuem Glanz zu verhelfen.

Auch touristisch ist die Hanse wieder „in". Auf den Spuren der Hanse zu wandeln (oder besser sich mit einem Kreuzfahrtschiff auf sie zu setzen), gehört zum festen Repertoire jener Programme, die sich „Bildungsreisen" nennen.

Die Autoren haben sich – ausgehend von Lübeck über Wismar und Rostock auf Spurensuche begeben und dabei eine leichte Brise von dem in die Nase bekommen, was die Faszination jenes seltsamen Gebildes ausmachte (und ausmacht), das rund 200 Handelsstädte zwischen Bergen und Breslau, zwischen Köln und Königsberg überspannte.

Was das Gebilde Hanse in seinem Innersten zusammenhielt, wird man aus einem solchen Skizzenbuch allenfalls ansatzweise herauslesen können. Deshalb sei hier mit den exakten Worten des Historienschreibers noch einmal aufgelistet, was genau die Hanse war und wie sie war:

Sie war brillant und korrupt, sie war einig und zerstritten, sie war egoistisch und weltoffen, sie war kraftvoll und ohnmächtig, sie war entschlossen und engstirnig. Und sie war zeitweilig das Gegenteil von alledem!

Alles klar vorn und achtern?

Dann willkommen an Bord! Und Leinen Los!

Ein englischer König
als Namensgeber

*F*ür was auch immer man die Hanse als Beweis heranziehen kann – man wird ihr wahrscheinlich ohne viel Mühe auch immer Aspekte abgewinnen können, mit denen sich das Gegenteil beweisen läßt!

Nur in einem ganz speziellen Fall wird man ihr die Eignung zu unwiderlegbarer Kronzeugenschaft nicht absprechen können: Wer da glaubt, nur das geschriebene, in ein förmliches Vertragswerk gepferchte Wort könne menschlichem Handeln dauerhaft gleichgerichtete Kontinuität verleihen – jedenfalls, solange man den recht unpräzisen Begriff "dauerhaft" in realistischen historischen Zeiträumen denkt – der wird durch das Phänomen "Hanse" eines besseren belehrt. Am Anfang des später einmal zu einem mächtigen Städtebund heranreifenden Hansegedankens stand nicht eine geschriebene und von auch nur auf ihren Vorteil bedachten Advokaten beglaubigte Vertragsurkunde. Am Anfang stand nichts weiter als ein kaufmännisches Glaubensbekenntnis, ein Credo des Mammons: mit Handelsgeschäften nicht einfach nur Geld verdienen zu wollen, sondern weitaus mehr Geld verdienen zu wollen als man sich bis dahin vorzustellen vermocht hatte. Daß dazu ein gewisses Maß an Transportsicherheit vonnöten war, liegt auf der Hand. Und nicht weniger leicht einsehbar ist, daß es angesichts solcher Zielsetzungen naheliegt, andere von den Geschäften fernzuhalten, in denen man selbst erfolgreich zu sein gedachte, also für bestimmte Güter und Märkte ein Monopol anzustreben. Dies setzte voraus, daß man über Macht verfügte; denn natürlich waren andere darauf aus, einem das alles streitig zu machen. Und denen mußte man jederzeit gehörig eins auf die Mütze hauen können. Verbal, und wenn es unbedingt sein mußte, auch einmal mit Waffengewalt. Aber nur wenn es sein mußte; denn Waffengewalt stört in jedem Fall die Handelsgeschäfte. Und deshalb – so ein eherner Grundsatz hanseatischer Lebensweisheit – lohnt es sich nicht einmal, einen Krieg zu gewinnen, geschweige denn, der Unterlegene zu sein.

Also versucht man Kriege am besten zu vermeiden und Verhandlungen den Vorzug zu geben!

Damit liegen nun alle Bausteine auf dem Tisch der Geschichte, aus denen sich das Gebäude "Hanse" errichten ließ. Es bedurfte nur noch eines sicheren Fundaments, auf dem die Idee der Hanse mit sicherem Halt zu stehen vermochte.

Und damit sind wir nun schon munter in die selbstgestellte Falle hineingetappt; denn eine ausgeklügelte Idee im Sinne einer sei es auch noch so vagen Philosophie, ist die Hanse nie gewesen.

Nicht einmal ihr Name, den spätere Generationen so gern als handelspolitisches Programm interpretiert haben, ist im Blumentopf einer wie auch immer gearteten Erkenntnis gewachsen. Der Name ist ihr nämlich schlicht in den Schoß gefallen, genauer: von königlichem Verstand hineingeworfen worden: König Heinrich III. von England bereicherte das Kaufmannsvokabular 1266 um das bis dahin ungebräuchliche Wort. „Habeant hansam suam" ließ er in ein Dekret hineinschreiben, mit dem er den deutschen Kaufleuten erlaubte, sich zu einer „Hanse" zusammenzuschließen. Das Wort Hanse ist einem althochdeutschen Wort entlehnt und bedeutet soviel wie „bewaffnete Schar".

Erst anderthalb Jahrzehnte nach dem königlichen Vermerk bequemten sich die deutschen Kaufleute, den ihnen von dem

Engländer verpaßten Begriff offiziell für ihre Gemeinschaft in Anspruch zu nehmen.

Was dahinter steckte, hatten sie schneller begriffen: nützliche, den Handelsgeschäften förderliche Privilegien. Allen voran steuerliche Vergünstigungen, mit denen Seine Majestät die deutschen Kaufleute sogar besserstellte als seine eigenen Untertanen. Und dazu gewährte er ihnen noch seinen höchst-persönlichen Schutz.

Nicht „gegründet",
sondern einfach „entstanden"

*D*amit hatte der englische König die Welt des Handels um ein Wort bereichert, dem eine große Karriere bevorstand. Und das bald darauf den Zeitgenossen Respekt einflößen sollte. Aber Heinrich III. hatte eben nur den Begriff geprägt und sich um eine genaue Definition dessen, was dieser Begriff bezeichnete, mit königlicher Eleganz herumgemogelt. Dabei hätten gerade die Engländer in den folgenden zwei Jahrhunderten immer wieder allzu gern gewußt, was die Hanse eigentlich genau war, und wer denn nun alles zu ihr gehörte. Das aber wußten nicht einmal die Hansen selbst; ihnen genügte es, einfach dazuzugehören. Wozu genau, das scheint ihnen ziemlich egal gewesen zu sein. Hauptsache, die Kasse stimmte und man kam in den Genuß irgendwelcher Privilegien, um noch mehr Kasse zu machen.

Kurios ist in diesem Zusammenhang eine Anfrage, die Bremen an die Stadt Köln richtete, als es wieder einmal mit Hamburg im Streit lag. Die Bremer erhofften sich von der Gründungsurkunde oder aus dem Bündnisvertrag der Hanse juristische Argumente, mit denen sie ihren Rechtsstandpunkt untermauern und es den Elb-Hanseaten mal so richtig zeigen wollten. Also schrieben sie an die Kölner, sie möchten ihnen doch bitte eine Abschrift der Urkunde vom Rhein an die Weser schicken. 1418 war das. Die braven Kölner wühlten alle ihre Rathausfolianten durch, daß es nur so staubte, um den Bremern schließlich bedauernd mitzuteilen, sie hätten leider vergeblich nach den gewünschten Schriften „van der fundacien der Duytzschen hensze" gesucht. Aber sie wollten in kaufmännischer Solidarität eifrig weitersuchen (was sie vermutlich auch taten), um den Herren im Bremer Rathaus das Schriftstück so schnell wie möglich zu schicken.

Sie haben die Urkunde niemals gefunden. Und das aus gutem Grund: Es hat sie nie gegeben. Denn die Hanse ist im eigentlichen Sinn nie „gegründet" worden. Sie ist einfach entstanden und gewachsen. Aber das wußten offenbar weder die Bremer noch die Kölner. Und die rund 200 Städte, die sich der Hanse zurechneten, vermutlich auch nicht.

Das war der Kinken an der Sache: Wo es nicht so etwas wie eine geschriebene Verfassung der Hanse gab, konnte man auch nicht die Kampfhunde von den juristischen Fakultäten aufeinander hetzen. Was nicht heißt, daß es deshalb keine Verwirrung gegeben hätte. Nur eben, daß jetzt eine Wahrheit so wahr war wie ihr glattes Gegenteil. Und das führte noch 200 Jahre, nachdem König Heinrich III. den Hansen ihren Namensstempel aufgedrückt hatte, zu ernsten Konflikten.

Wieder einmal hatten die Engländer ihre Hand im Spiel, denen jeder Angriff auf ihre Handelsmacht gegen den Strich ging. Die Beziehungen zwischen der Hanse und England hatten sich seit der Mitte des 15. Jahrhunderts merklich abgekühlt. Und da versuchte man gern, dem anderen in die Schuhe zu schieben, was der gar nicht angezettelt hatte. 1468 zum Beispiel. Da hatten dänische Schiffe im Sund ein paar englische Frachtschiffe aufgebracht. Rund heraus behaupteten die Engländer, das ganze hätten Danzig und die Hanse, wenn auch nicht selbst ausgeführt, so doch veranlaßt. Ein solcher Frevel rief nach Vergeltung. König Edward IV. ließ die hansischen Kaufleute in London einsperren und ihre Waren beschlagnahmen, was ein hübsches Zubrot für die königliche Schatulle bedeutete.
Begründen ließ Edward das mit der Behauptung, die „Hanza Theutonica" sei eine Genossenschaft oder eine Gesellschaft, die durch das Bündnis mehrerer Städte zusammengekommen und deshalb rechtsfähig sei. Deshalb sei sie auch für die Vergehen einzelner in ihrer Gesamtheit haftbar. ***Basta!***

Da aber hätte man den Lübecker Syndikus Johannes Osthusen sehen sollen. Wütend verfaßte er ein Gutachten, in dem zu lesen stand, die Hanse sei weder eine societas noch ein collegium, und schon gar keine universitas, was man nach unseren Rechtsbegriffen wohl mit „Körperschaft" übersetzen muß.

Dann legte der Doktor Osthusen richtig los und erklärte den Engländern, was die Hanse alles nicht hatte: kein gemeinsames Vermögen und keine gemeinsame Kasse, nicht einmal eigene geschäftsführende Beamte (was die Hanse vielleicht so erfolgreich machte, aber das sagte der Syndikus nicht!). Die

Hanse, so argumentierte der Lübecker, sei einfach ein festes Bündnis von Städten und Gemeinden, die gewinnbringende Geschäfte machen wollten. Und dann kam es dick: Das Wort „Hanse" sei kein deutsches Wort (womit er halb recht hatte), sondern es sei sprachgeschichtlich von dem lateinischen „ansa" abgeleitet, (womit er gänzlich unrecht hatte). „Ansa" heiße so viel wie Henkel, dozierte der gelehrte Syndikus. Und so wie der festangefaßte Henkel die Tasse oder den Krug vor dem Hinfallen und Zerbrechen bewahre, so sichere auch das feste Bündnis der Städte die gedeihliche Entwicklung der Handelsbeziehungen.

Das mit dem Henkel war starker Tobak. Aber auch heute gibt es ja reichlich Gutachter, die alles in ihre Expertise hineinzuschreiben bereit sind, wenn es nur ihrem gutzahlenden Auftraggeber dient.

Nach dem Henkel-Argument erscheint uns alles weitere nur noch als schmückendes aber wirksames Beiwerk. Etwa, daß die Hanse nicht von den Kaufleuten dirigiert werde, sondern jede Stadt ihren eigenen Herrn habe. Es gebe auch kein eigenes Siegel, sondern wenn etwas zu besiegeln sei, geschehe das mit dem Siegel der jeweiligen Stadt, in der das Schriftstück geschrieben worden sei. Und schließlich habe die Hanse keinen gemeinsamen Rat. Wenn etwas zu besprechen sei, schicke jede Stadt einen Beauftragten, der aber keinen Ratsstatus habe. Und endlich habe die Hanse nicht einmal das Recht, die zu ihr gehörenden Städte zu einer Tagfahrt – also dem Erscheinen auf einem Hansetag – zu verpflichten, geschweige denn Beschlüsse von Tagfahrten mit Zwangsmitteln durchzusetzen. Die Hanse, so Doktor Osthusens Schlußfolgerung, sei nach seiner Rechtsauffassung nicht definierbar und folglich in ihrer Gesamtheit auch nicht haftbar.

Wieder basta!

26

So stand denn ein Basta gegen das andere. Aber die Weltgeschichte ging nach einer für die Ewigkeit sehr kurzen Schrecksekunde weiter. Irgendwann beruhigten sich auch die Engländer wieder.

„Business as usual" bedeutete das für die Hansen. Und das war ihnen allemal die liebste Beschäftigung.

Ein Bauernvolk macht Handelsgeschichte

Als Englands Heinrich III. den deutschen Kaufleuten anno 1266 seine großzügigen Privilegien erteilte, hatten die Hansen schon bewiesen, daß sie ihr Geschäft verstanden. Und daß es für andere von Vorteil sein konnte, mit ihnen gemeinsame Sache zu machen. Wobei die Partner dann auf der Hut sein mußten, von ihnen nicht eingesackt und an den Rand der Bedeutungslosigkeit gedrängt zu werden.

Den Gotländern sollte es so ergehen. Sie hatten den Ostseehandel seit dem 11. Jahrhundert fest im Griff gehabt. Von der Westküste ihrer Insel aus, wo einmal die Stadt Visby aufblühen wird, segelten die auch später eher bäuerlich geprägten Seefahrer bis nach England, vorzugsweise aber nach dem russischen Nowgorod. Seinen Handelsplatz auf der Insel hatte das unternehmungslustige Völkchen zu einer Drehscheibe für mittelalterliche Luxusgüter entwickelt. Tuche aus Flandern brachten sie auf ihren wendigen und schnellen Vikingerschiffen über den Fluß Wolchow bis nach Nowgorod hinauf. Was sie von dort als „Rückfracht" nach Westen transportierten, fand reißenden Absatz, besonders wertvolle Pelze, mit denen sich die Wohlhabenden gern schmückten, Metallwaren und exotische Gewürze und Seidenstoffe, die aus Byzanz bis nach Nordrußland gebracht worden waren. Vor allem Wachs war ein lukratives Geschäft, weil es die Kirche für ihre liturgischen Rituale in großen Mengen benötigte.

Der Glaube versetzt nicht nur Berge, er kurbelt auch den Umsatz an!

Mit der geografischen Lage ihrer Insel waren die Gotländer vom Schicksal mehr als gut bedient. Wo sich das Glück von Zeit zu Zeit als knauserig erwies, halfen sie ihm durch Fleiß auf die Sprünge. Und durch Mut, der sie sogar dahin gebracht hatte, sich aus ihrer ausschließlich bäuerlichen Tradition zu lösen und nach und nach in die Rolle eines Seefahrervolkes hinein-zuwachsen.

Das hätte noch einige Jahrhunderte lang so weitergehen kön-nen, wäre den Gotländern da nicht an der Küste der heidni-schen Wenden eine gefährliche Konkurrenz herangewachsen. Hinter dieser Konkurrenz standen gräfliche und herzogliche Interessen und Machtansprüche. Und hinter denen wiederum standen zwei Männer, die sich gegenseitig auszutricksen trach-teten. Solche Konstellationen schaffen oft eine Dynamik, die der Geschichte die Energie für wahre Quantensprünge liefert, reduziert freilich um die Reibungsverluste ständiger Fingerha-keleien.

Die beiden durch ihre Vorliebe für lukrative Geschäfte einan-der ähnlichen Männer waren der holsteinische Graf Adolf II. von Schauenburg und Herzog Heinrich, der sich später einmal mit dem Attribut „der Löwe" schmücken wird.

Nichts ärgert einen Vorgesetzten mehr als der sichtbare Erfolg eines Untergebenen, auch wenn er selbst davon profitiert. Und der Lehnsherr Heinrich beobachtete bewundernd und mißtrauisch zugleich, was sein Vasall Adolf ein paar Meilen vom „mare Baltikum" entfernt trieb: 1143 gründete er – nur wenige Kilometer von der inzwischen zerstörten wendischen Burg- und Hafensiedlung Luibice entfernt – die Stadt Lübeck, was dem Chronisten Helmold zufolge soviel bedeutete wie „die Fröhlichkeit aller Leute".

Fröhlich zu sein hatten die „Lübecker" von Anfang an allen Grund; denn ihr Gründervater hatte den Standort mit einem guten Gespür für erfolgsträchtige Plätze gewählt: die in ihren mittelalterlichen Strukturen noch heute erkennbare Anlage der Stadt schützte sie damals vor feindlichen Überfällen. Der von den Flüssen Trave und Wakenitz umschlossenen Halbinsel konnten sich keine Flotte von See her und kein feindliches Heer auf dem Landweg unerkannt nähern.

Wogegen die junge Ansiedlung nicht sicher sein konnte – das war die neben der Pest größte Geißel des Mittelalters: die Feuersbrunst. Eine solche traf das junge Lübeck schon 13 Jahre nach seiner Gründung. Die Stadt brannte bis auf die Grundmauern nieder.

Einstweilen war der Traum von einer glänzenden Zukunft ausgeträumt.

Durchstarten beim dritten Anlauf

*E*s gab nicht belegbare Spekulationen, nach denen der Ausbruch des Feuers kein Zufall gewesen war. Von der politischen Logik her waren (und sind) solche Spekulationen durchaus nicht abwegig: Was im Weg ist, muß beseitigt werden. Und Lübeck war dem Herzog Heinrich ein Dorn im Auge. Vor allem ärgerte ihn, daß seine Stadt Bardowik im Lüneburgischen seit der Gründung Lübecks nur noch Rote Zahlen schrieb. Schlimmer noch: Aus der Saline ließ sich keine Kohle mehr machen, seit Oldesloe in der Nähe Lübecks ein eigenes Salzbergwerk gebaut hatte und erheblich von dem kürzeren Weg nach Lübeck profitierte. Also hatte Herzog Heinrich im Jahr des Herrn 1152 bei Adolf auf der Matte gestanden und gefordert, der solle ihm gefälligst die ganze Saline und das halbe Lübeck abtreten, als kleines Trostpflästerchen gewissermaßen auf die schmerzende Wunde entgangener Geschäfte in Bardowik.

Adolf, der sich gerade an die sprudelnde Einnahmequelle Lübeck zu gewöhnen begann und nicht einsehen mochte, warum er das schöne Geld mit seinem Lehnsherrn teilen sollte, sagte schlicht „nein!".

Entweder hatte Adolf dabei den langen Arm Heinrichs unterschätzt. Oder er war der Meinung, man könne es ja mit starrer Haltung mal versuchen, nach dem allzeit gültigen politischen Motto, wenn's gutgeht, war es richtig.

Es ging nicht gut! Denn Heinrich ließ sich durch das Pokerface seines Vasallen nicht beirren. Er spiele einfach seine landesherrliche Trumpfkarte aus, während Adolf nicht einmal mehr einen mageren Buben im Ärmel hatte. Zuerst ließ Heinrich die Saline in Oldesloe zuschütten. Das piekste Adolf ein bißchen, aber es wäre noch zu verschmerzen gewesen. Dann aber verbot Heinrich den Handel mit Lübeck. Und das tat Adolf richtig weh. Heinrichs Geschäfte liefen damit zwar um keinen Deut besser, aber Adolfs waren ausgesprochen mies. Das mag die Seele des Lehnsherrn beflügelt haben. Was aber ist der schönste politische Erfolg wert, wenn man damit nicht zugleich Kasse machen kann?

Während die beiden Kontrahenten über das Rezept nachdachten, mit dem sie dem jeweils anderen die von ihnen beiden angerührte politische Suppe versalzen konnten, ging also Lübeck in Flammen auf. Und den Lübeckern bei der Gelegen-

heit das Licht, daß sie möglicherweise doch auf die falsche Karte gesetzt haben könnten und vielleicht doch mit ihrem Landesherrn etwas netter sein sollten. Also schickten sie eine Abordnung zu Heinrich und baten ihn, da doch nun ihre schöne Stadt zwischen

Trave und Wakenitz in Schutt und Asche gefallen war, möge er ihnen doch bitte einen anderen Siedlungsplatz zuweisen. Das ließ sich Heinrich nicht zweimal sagen; denn er wußte ja um den Fleiß der Lübecker Kaufleute. Und warum, so wird er sich gedacht haben, sollten die nicht ein zweites Mal zustande bringen, was ihnen schon beim ersten Mal so überzeugend gelungen war? Nur diesmal eben zu seinem eigenen Nutzen!

„Lewenstad" nannten die Siedler ihr neues Zuhause, was darauf schließen läßt, daß sie ihrem Landesherrn schon in jungen Jahren alle Eigenschaften zuschrieben, die der König der Tiere angeblich haben soll und die später den Namen Heinrichs zierten.

Irgendwo in der Umgebung des Lübecker Trümmerfeldes muß Lewenstad gelegen haben. Wo genau wissen wir nicht. Für erfolgshungrige Archäologen lohnt es sich also, kräftig zu buddeln. Wenn sie allerdings überhaupt etwas finden, dann werden es nur sehr spärliche Spuren sein. Denn Lewenstad litt von Anfang an unter einem entscheidenden Mangel: Heinrichs standortpolitisches Gespür hatte im Fall von Lewenstad offenkundig versagt. Vielleicht auch mangelte es den Lübeckern, die ausgezogen waren, sich eine neue Stadt zu bauen, an beflügelndem Heimatgefühl. Jedenfalls ging es mit der Neugründung nicht so recht voran. Irgendwie scheinen die Lewenstader gespürt zu haben, daß Graf Adolfs Standortwahl die bessere gewesen war. Auch Heinrich mußte dies langsam dämmern!
 Das sind die Erkenntnisse, auf denen politische Kompromisse reifen. Heinrich und Adolf setzten sich an einen Tisch und überlegten, wie sie aus der wirtschaftlichen Talsohle, in die sie sich hineinmanövriert hatten, wieder herauskommen konnten. Und so kamen sie denn auf die nächstliegende und für beide beste aller Lösungen: das lewenstadunwillige Kaufmannsvolk zurückzupfeifen und es das abgebrannte Lübeck an derselben Stelle wieder aufbauen zu lassen.

Aus Gegnern waren Geschäftspartner geworden. Adolf scheint bei der Sache ein paar mehr Federn gelassen zu haben. Jedenfalls berichtet der bereits erwähnte Helmold, der Graf habe dem Herzog Burg und Werder aus purer Not abgetreten.

Immerhin hatte er damit das Wohlwollen seines Lehnsherrn auf der Habenseite der gräflichen Bilanz, und damit ließ sich ganz gut leben. Alsbald, so läßt uns Helmold wissen, seien die Kaufleute auf Befehl des Herzogs freudig zurückgekehrt und hätten begonnen, Kirchen und Mauern der Stadt wiederaufzurichten. Der Herzog aber habe Boten in die Hauptorte und Reiche des Nordens, Dänemark, Schweden, Norwegen und Rußland gesandt, um ihnen Frieden und freien Handel in seiner Stadt Lübeck anzubieten. Er habe dort auch eine Münze, einen Zoll und höchst ansehnliche Stadtfreiheiten verbrieft. Von der Zeit an, schreibt Helmold, gedieh das Leben in der Stadt und die Zahl ihrer Einwohner sei um ein Vielfaches gewachsen.

Planen und reagieren – angreifen und parieren

*I*n den Hansekontoren – besonders in Bergen – ging es oft brutal zu, wie wir noch sehen werden.

Aber Brutalitäten gab es nicht nur unter Hanseleuten. Auch andere geschlossene und hierarchisch strukturierte Männergesellschaften praktizierten Rituale der Gemeinheit und Hinterhältigkeit, denen sie eine höhere Weihe durch die Behauptung gaben, so etwas fördere den Mut und diene dem Zusammenhalt der Gemeinschaft.

Das ist nun beileibe keine Spezialität eines düsteren Mittelalters. Auch heute noch entspricht es ja dem tiefsten Bedürfnis verquerer Seelen, andere brutal auf die Probe zu stellen. Aber glücklicherweise haben wir heutzutage Etno- und Soziologen, die mit ihrer Begriffshuberei alles übertünchen und solche Brutalitäten „Initiationsriten" nennen. Womit für sie dann alles wieder im Lot ist.

Die Hansen brauchten solche Begriffe nicht, um ihre derben Späße auf eine allseits akzeptierte Basis zu stellen.

Und dann gab es ja auch noch anderen, sinnvolleren Zeitvertreib, dem man sich zuwenden konnte, wenn sich die vergnügungssüchtige Seele ausgetobt hatte und ihr wieder nach ernsthafteren Dingen zumute war.

Eines der geistvollen Spiele, die durch Handelsleute aus dem fernen Osten in unsere Region gebracht worden waren, nannten sie „Schach". Die intelligenteren unter den Hanseaten scheinen sich der edlen Beschäftigung, in der „königliche Kaufleute" und „königliches Spiel" zueinander fanden, mit wahrer

Leidenschaft gewidmet zu haben. Vielleicht deshalb, weil es sie lehrte, Strategien zu entwickeln, die sich auf ihre Handelsgeschäfte übertragen ließen. Es war ein höchst nützliches Spiel für denjenigen, der die Regeln auf den Alltag zu übertragen wußte.

Sehr anschaulich hat Uwe Ziegler diesen Zusammenhang in einem fiktiven Brief dargestellt, den er einen fiktiven Lübecker Kaufmann an seine Nachkommen (und Nachfolger) schreiben läßt: „Da konnte und kann ich Züge denken und verwerfen, kann planen und reagieren, kann angreifen und parieren, kann Fallen stellen – und selbst hineinstürzen. Ich meine

jedenfalls, daß jeder angehende Kaufmann dieses Spiel lernen sollte. Und zwar gründlich. So wie auch die Landesherren, die Fürsten und Grafen es tun sollten: erst einmal lernen, nachzudenken, bevor gehandelt wird. Nicht sofort die gegnerischen Figuren schlagen. Es ist doch viel aufregender, um sie herum zu gehen, sie in ein Netz einzuspinnen, das sie mehr und mehr fesselt. Wir Lübecker haben diese Eigenschaften, die für dieses Spiel so wichtig sind, bislang immer gut nutzen können: ruhig abwägen, auch einmal zurückweichen, zugreifen wenn möglich. Möglichst keine Gewalt."

Das klang gut als theoretische Anleitung für das Zubereiten hanseatischer Strategie-Konzepte. Das Bekenntnis zur Gewaltlosigkeit mag auch ernstgemeint gewesen sein. Auf dem Schachbrett des Lebens sah die Sache dann allerdings doch wieder etwas anders aus. Da genügte es nicht, mit der Spielanleitung für Schach unter dem Arm über die Meere zu segeln und über schlechtbefestigte Chausseen zu hoppeln. Da mußte sich der Kaufmann, der um jeden Preis erfolgreich sein wollte, auch schon mal seinen Machiavelli unter das Kopfkissen legen!

„Bevorzugte Stadt des mächtigsten Reichsfürsten"

Die Einigung Heinrichs mit dem Schauenburger Grafen fällt in das Jahr 1159, und das gilt Historikern als das Geburtsjahr des hansischen Lübeck.

Der Köder, der das Rad der Geschichte in Bewegung hält, sind Geschenke. Nicht nur die sofort auf den Tisch gelegten. Auch die Zusicherung auf später auszuhändigende Wohltaten, also mehr oder weniger konkrete Versprechungen, wirken oft wunder. Herzog Heinrich verstand sich glänzend auf dieses Geschäft. Und er baute darauf, daß sich die Geschenke an seine Lübecker schnell verzinsen würden.

Im 12. Jahrhundert wäre keine strategisch günstigere Hafengründung als die Lübecks denkbar gewesen. Sternförmig breiteten sich die Handelswege von der Halbinsel zwischen Wakenitz und Trave in alle Himmelsrichtungen aus: Nach Osten via Nowgorod bis in den Orient. Nach Norden in die skandinavischen Länder, die für den "Welthandel" zunehmend an Bedeutung gewannen. Im Süden lag Hamburg, das über einen relativ kurzen Weg erreichbar war, mit seinem kleinen Hafen in einer Alsterschleife. (Der „Elbehafen" entwickelte sich erst nach 1189, nachdem Graf Adolf III. von Kaiser Friedrich Barbarossa einen Freibrief erwirkt und die Hamburger Neustadt angelegt hatte.) Über Hamburgs Hafen hatte Lübeck Zugang zu den westfälischen und niederrheinischen Märkten und konnte damit schon seine Position im Flandern- und Englandhandel ausbauen. Die wohlkalkulierten Geschenke, die Heinrich den Lübeckern auf den Tisch ihrer Erfolgsstory legte, konnten sich sehen lassen: 1160 verlegte er den Sitz des Bistums Oldenburg/Schleswig-Holstein nach Lübeck. Da mochte der Bremer Erzbischof zetern, soviel er wollte - es half ihm nichts. Zu einer Zeit, in der die katholische Geistlichkeit noch nicht der Sand im Getriebe der historischen Entwicklung war, ließ sich damit – wenn schon nicht das religiöse Bewußtsein – so doch die Bedeutung der Stadt heben. In demselben Jahr gelang es Heinrich, das Lübecker Hinterland zu befrieden und damit den Zugang zur See zu sichern. Um das zu erreichen, hatte Heinrich nicht nur die heidnischen Obotriten in Mecklenburg besiegt, er hatte einen ihrer Fürsten sogar zu seinem Schwiegersohn gemacht.

Das aber waren nur die Rahmenbedingungen für den gedeihlichen Aufstieg der Stadt.

Wichtiger waren die unmittelbaren Privilegien, die er den lübischen Kaufleuten erteilte, und die er durch eine eigene städtische Verwaltung neben der des herzoglichen Vogtes absichern ließ. Nur ein Teil des Grund und Bodens auf dem Siedlungsgelände blieb städtisches Eigentum, den anderen übertrug er den Kaufleuten. Diese parzellierten das ihnen überlassene

Areal in Grundstücke von etwa 300 Quadratmetern Größe. Die überließen sie interessierten Neusiedlern zunächst gegen eine Pachtzahlung mit der Perspektive, das Grundstück später zu erwerben. Die Parzellen am Markt rückten sie jedoch nicht heraus, sondern behielten sie für sich oder vermieteten sie an Handwerker, die dort ihre Waren produzierten und in Marktbuden verkaufen konnten. Das war ein kluger Schachzug; denn damit hatten sie sich die Kontrolle über das Stadtzentrum gesichert.

Nicht weniger klug fädelte der Landesherr Heinrich die Sache ein. Er überließ seinen Teil der Stadt einem „Locator". Dieser hatte die Aufgabe, Neusiedler anzuwerben. Dafür entschädigte Heinrich ihn – je nach Wunsch – mit einem landesherrlichen Amt als Vogt oder Schultheiß, oder mit einer sogenannten „Gerechtsame", also etwa einer Mühle oder einem ertragreichen Fischteich oder mit einem erheblich größeren Grundstück als es die anderen bekamen.
Der vom Landesherrn beauftragte „Generalunternehmer" machte es ebenso. Auf diese Weise entstand ein vertikales Geflecht von Abhängigkeiten, in dem jeder auf seiner Stufe eine unternehmerische Chance hatte und der jeweils Übergeordnete von den wirtschaftlichen Folgen seiner Untergeordneten profitierte. Auch wenn vielen Historikern dieser Gedanke zu „modern" ist, so scheint doch immerhin einigen eine solche Darstellung verlockend zu sein: Was 700 Jahre später bei Bernie Cornfield im Desaster einer kriminellen Pleite endete – bei Heinrich dem Löwen funktionierte es, und seine vielen kleinen Erich Mendes kamen glänzend zurecht.
Die Eifrigsten, die sich zur Ansiedlung in Lübeck bewegen ließen, waren die rheinischen und westfälischen Fernhändler. Sie bildeten den Kern der Kaufmannsstadt Lübeck.

Folgen wir dem Urteil des Hanseforschers Karl Pagel, veröffentlicht 1941, also ein Jahr vor der Zerstörung der schönsten mittelalterlichen Stadt Norddeutschlands durch britische Bomberverbände:

„Heinrichs Griff nach Lübeck ist eine seiner folgenreichsten Handlungen gewesen: er schuf die Voraussetzung der deutschen Handels- und Seeherrschaft in der Ostsee. Lübeck als Stadt der Grafen von Holstein hätte nicht jenen raschen Aufschwung nehmen können, den es in den zwei Jahrzehnten bis zu Heinrichs Sturz als bevorzugte Stadt des mächtigsten Reichsfürsten nehmen konnte."

Der Griff
nach Gotland

Sie waren ein gutes Gespann, der Landes- und Stadtherr Heinrich und seine größtenteils aus dem Rheinland und Westfalen „zugereisten" Fernkaufleute.

Was ihn in seiner Machtentfaltung einstweilen noch behinderte, war die Tatsache, daß der „vorlübische" Fernhandel schon fest im Sattel saß, den Ostseeraum beherrschte und den deutschen Kaufmann allenfalls als Gast duldete.

Mit der neuen Stadt Lübeck im Rücken änderte sich die Stellung; denn Lübecks Hafen und sein wirtschaftlich immer stärker werdendes Hinterland wurden zu Recht als Schlüssel zur Ostsee gesehen. Für die Kaufmannschaft, die – sich ihrer Stellung bewußt – Spannungen zwischen dem Grafen und dem Herzog zu ihren Gunsten zu nutzen wußte und als bürgerliches Gegengewicht auch politisch immer mehr in die Waagschale zu werfen hatte, bot sich eine verheißungsvolle Perspektive: Mit einem eigenen Hafen war der Fernhandelskaufmann nicht mehr auf fremde Schiffe angewiesen. Er hatte die Chance, selbst zum Schiffseigner zu werden und als Kaufmann zugleich sein eigener Reeder zu sein.

Mehr noch: Die rigorose Verwertung von Grund und Boden ermöglichte es, durch eine geschickte Pachtpolitik die wirtschaftliche Entwicklung zukunftsträchtig zu steuern. Nicht nur Werkstätten von Handwerkern und die dazugehörenden Verkaufsbuden waren ein bedeutender Faktor des „Wirtschaftsförderungsprogramms" – das den Eigentümern zum Teil hervorragende Mietzinsen einbrachte – auf diese Weise entstanden auch Mietspeicher am Hafen, Backstuben, die das expandierende Gemeinwesen mit Brot versorgten, und Badehäuser, die – wie wir uns in einem kleinen Exkurs genüßlich zu Gemüte führen werden – keineswegs nur, wenn nicht am wenigsten, der bürgerlichen Reinlichkeit dienten.

Bevor wir jedoch unseren hanseatischen Ururgroßvater in eines der vielen Lübecker Badehäuser ziehen lassen, um sich den Schweiß kaufmännischen Mühsals abzuspülen, wollen wir ihn sich dieses Privileg zunächst erarbeiten lassen. Das Ziel seiner Anstrengungen war es, die Vorherrschaft im Ostseeraum zu gewinnen, und das bedeutete: die Gotländer nach und nach aus dem Geschäft zu verdrängen.

Diese im übrigen nicht allzu schwierige Aufgabe mußten die Lübecker nicht allein bewältigen. Es gab ja bereits eine Reihe von Städten, die sich zwischen Rhein und Elbe zu erfolgreichen Handelszentren herangebildet hatten, allen voran Köln als „die Mutter der deutschen Städte" mit einem für spätere Gründungen beispielhaften Stadtrecht.
Der „Genossenschaft der Gotland besuchenden Kaufleute des Römischen Reichs" gehörten auch andere norddeutsche Kaufleute an. Sie segelten nach Gotland und machten auf einem Markt von Visby ihre Geschäfte. Die Sache lief so gut an, daß etliche von ihnen beschlossen, gleich dazubleiben und eine eigene Stadtgemeinschaft mit eigenem Recht zu gründen. Das alles ging offenbar reibungslos. Vielleicht deshalb, weil die Gotländer nicht die Tragweite dieses Eindringens in ihre Sphäre abzuschätzen wußten und nicht gesehen haben, daß mit diesem Schritt ihr Abstieg vom Gipfel wirtschaftlicher Macht eingeläutet war.

Auch Heinricht der Löwe legte sich nicht etwa auf die faule Haut, nachdem seine fleißigen Lübecker sich in Visby so schön festgesetzt hatten. Durch geschickte Verhandlungen hielt er seinen Schützlingen den Rücken frei. Er öffnete ihnen den Zugang zu den wichtigsten schwedischen Märkten und gab dafür den schwedischen Kaufleuten Markt- und Zollfreiheiten in seiner Ostseestadt. Künftig wurden große Rohstoffmengen aus Schweden über Lübeck importiert, und im Gegenzug brachten die Hanseschiffe deutsches Bier zu den schon damals trinkfreudigen Skandinaviern.

Dann allerdings begann der Stern des Löwen Heinrich zu sinken, was eigentlich ein unzutreffendes Bild ist: Er stürzte nämlich jäh ins Bodenlose. Weil er seinem Kaiser Friedrich I., dem die Macht Heinrichs ohnehin suspekt war, den Gehorsam verweigerte, nahm der ihm alle öffentlichen Ämter und seine Herzogtümer weg.

Aus der Traum von der großen weiten Welt!

Man schrieb das Jahr 1180. Lübecks Kaufmannschaft hatte den Schock schnell überwunden und arrangierte sich mit Kaiser Friedrich I. Der wußte das zu schätzen und honorierte solche Anhänglichkeit, indem er dem Rat der Stadt alle seine von Heinrich erteilten Rechte bestätigte und sogar noch ein bißchen was drauflegte. So durfte die Stadt ihr Rechtssystem nach eigenem Gusto verbessern und weiterentwickeln. Was nicht heißt, daß Lübeck jetzt etwa einen zuverlässigen Stadtherrn gehabt hätte. Es hatte ihn zwar. Leider jedoch in schneller Folge immer einen anderen. Friedrich I., der auch Barbarossa genannt wurde, war während eines Kreuzzugs beim Baden ertrunken. Danach gab es handfesten Krach um die Thronfolge. Für drei Jahre feierte Heinrich der Löwe ein Comeback und erschien noch einmal auf der Bildfläche, dann löste ihn der Däne Waldemar II. ab.

Erst 1226 gab es Ruhe an der Ostsee-Front: Friedrich II. ernannte Lübeck keineswegs uneigennützig zur Reichsstadt, die nur dem Kaiser selbst unterstellt war. Als schließlich 1227 die Dänen in der Schlacht von Bornhöved gehörig eins auf die Mütze bekamen, waren die Machtkämpfe fürs erste entschieden. Die Kaufleute der Hanse hatten im Ostseeraum einstweilen nichts zu fürchten.

VISBIA

Das ist die Ruhe, die nicht ruhen läßt und Politiker dazu animiert, neuen Streit anzuzetteln.

Diesmal war es der konsequente Griff nach Osten.

Bevor wir jedoch den Rittern des Deutschen Ordens bei dem Geschäft über die Schultern schauen, das sie „Ostkolonialisierung" nannten, wollen wir unser Versprechen einlösen und unseren hanseatischen Ururgroßvater auf einen Sprung ins Badehaus begleiten.
Es wird sich lohnen! Denn nirgendwo läßt sich die Seele des Hanseaten besser ergründen als im Badezuber.

Kleiner Exkurs:

Reinlichkeit und Lust
in einem „Abwasch".

Wenn unsere braven hanseatischen Urgroßeltern um 1250 ein Badehaus aufsuchten, dann nicht wegen der Reinlichkeit als schönem Selbstzweck oder als Gegenleistung fürs Wohlbefinden, sondern weil sie glaubten, der aus dem Morgenland eingeschleppte bösartige und verheerende Aussatz sei mit warmen Bädern zu bekämpfen.

Wegen der in den engen Gassen immer gegebenen Feuergefahr mußten die Badestuben – wie übrigens auch Schmieden und Bäckereien – in eigens dafür gebauten Häusern untergebracht sein. Und wie das so ist, wenn man erst einmal mit dem Quacksalbern anfängt: bald waren die Badestuben auch Stätten vermeintlicher Heilkunst, wo nicht nur nach Herzenslust niedere Chirurgie betrieben, geschröpft und adergelassen wurde, sondern wo auch das Haareschneiden an der Tagesordnung war.

Was ja vielleicht für manch einen Medizinmann unserer Tage angesichts des Kostendämpfungsgesetzes eine bemerkenswerte und reizvolle Möglichkeit der Diversifizierung wäre.

Das Baden war zunächst aus der Sicht der alten Hanseaten eine zwar überflüssige, aber auch langweilige Sache gewesen. Denn anders als in Süddeutschland, wo man sich mehr an klerikalen Gewohnheiten orientierte, badeten zwischen Alster und Trave Männlein und Weiblein getrennt. Zehn Schillinge mußte der Bademeister an den Rat und dann noch einmal sechs Pfennige an das Amt berappen, wenn er die Regeln der Sittlichkeit in seinem Etablissement allzu großzügig auslegte.

Was aber sind schon zehn Schillinge Strafe gegen das Vergnügen, den erotischen Wunschvorstellungen unserer hanseatischen Großeltern ein Stück entgegengekommen zu sein? Bald badete man in „groten Versammlinghen", was natürlich so gar nicht im Sinne der Geistlichkeit war, die dem dummen Volk gern verbot, was sie selbst für sich gelegentlich in Anspruch nahm.

Was aber die ernste Frage aufwirft, wie denn das Gebot, hinzugehen und fruchtbar zu sein und sich zu vermehren, also die ziemlich direkte Aufforderung, das Geschäft der hanseatischen Arterhaltung zu betreiben, mit dem erotischen Restriktionskurs zu vereinbaren sei.

Überhaupt nicht, vermutlich! Also ließen unsere hanseatischen Urgroßeltern das Pfaffengeschwätz sein, was es war, und kümmerten sich nicht darum.

Da mochte der streitbare Pastor Schuppius aus Hamburg auch noch so zetern, wenn „Mann- und Weibspersonen untereinander" saßen und das Ganze so recht genossen. Da blinzelte unser Herr Urgroßvater dann über den Zuberrand der nebenan plätschernden Frau Nachbarin zu, die blinzelte verstehend zurück, und unser von Natur aus sparsamer hanseatischer Urgroßvater meinte zu Recht, daß man doch eigentlich das warme Wasser für den einen Bottich sparen und einfach ein bißchen zusammenrücken könnte.

Einem wichtigen menschlichen Grundbedürfnis war damit Genüge getan. Und da war es ein schöner Zug der Wohlhabenden in vielen Hansestädten, auch die weniger Begüterten solcher Freuden teilhaftig werden zu lassen. Für die Armen wurden seit dem 14. Jahrhundert zum Nulltarif sogenannte „Seelbäder" als Werke der Barmherzigkeit verabfolgt.

49

Viele wohlhabende Bürgersleute hinterließen in ihrem Testament den Armen, wenn schon sonst nichts, so wenigstens ein paar unterhaltsame Stunden in der Badewanne. „Ein Vermächtnis dieser Art", schreibt ein Chronist, „verpflichtete den Beschenkten zur Fürbitte für den Erblasser, der als Lohn von Gott für seine im Fegefeuer befindliche Seele himmlische Erquickung erhoffte."

Eine geläuterte Seele für den einen – saubere Füße für den anderen! Alles war wohlverteilt und hatte seine gottgefällige Ordnung.

Niemand hätte an dieser Ordnung zu rütteln gewagt. Und deshalb war der Bedarf an Badehäusern in allen Hansestädten mindestens so groß wie in Lübeck, wo in fast jeder Straße eine Badestube ihre Dienste anbot.

Dann aber kam die Kunde von einer über Italien eingeschleppten „Lustseuche", die sich nicht nur, aber besonders heftig in den Badezubern ausbreitete. Aus völlig unerklärlichen Gründen nannte man die Seuche, die Männlein und Weiblein, jung und alt, so mir nichts, dir nichts hinwegraffte, die „Franzosenkrankheit".

Es traf sich gut, daß zu dieser Zeit das Holz knapp geworden war. Die Preise stiegen unaufhörlich, und der Herzog von Mecklenburg verbot aus Angst um seine gelichteten Wälder die Holzausfuhr. Der Badespaß war also nicht nur gefährlich, sondern auch noch teuer. Und das war den sparsamen Hanseaten denn doch zu viel.

Bald darauf waren die öffentlichen Badehäuser aus dem Stadtbild der meisten Hansestädte verschwunden.

Die „Ostkolonisation" trägt Früchte

*H*amburg und Lübeck – das war ein Gespann so recht nach dem Geschmack derer, die Expansion um jeden Preis auf ihre Fahnen geschrieben hatten: unschlagbar, solange sie nur fest zusammenhielten. Was allerdings nicht immer der Fall war.

Solange sie als „lübische Kaufleute" gemeinsame Sache machten, läßt dies den Schluß zu, daß Hamburg den Partnern von der Trave widerspruchslos die Führungsrolle überließ. Und das machte Sinn, weil sich die großen Handelsströme über die Ostsee bewegten.

Tatsächlich hatte Lübeck ja die Hauptrolle gespielt, als sich die Hanse in die Geschäfte der Gotländer einmischte und damit auch den Zugriff auf Nowgorod erhandelte. Zunächst hatten die „Lübischen" dort noch Gastrechte auf dem St. Olafshof genossen. Bald aber übernahmen sie das Kommando, gründeten ihren eigenen St. Peterhof, schlossen Verträge, ohne irgendeinen deutschen Fürsten zu fragen, installierten das lübische Stadtrecht und ließen ihre „Ältesten", die Oldermänner, Recht sprechen.

Nordrußland wurde den Hansen als Operationsgebiet bald zu eng. Ihr Einflußgebiet reichte bis ans Schwarze Meer. Ein Vertrag mit dem Fürsten von Smolensk ist auf das Jahr 1229 datiert. Wie breit die Basis war, auf der solche Verträge standen, zeigt die Fülle von Unterschriften, die sich um das Siegel gruppieren. Die Kaufleute, die dem Schriftstück durch die Unterschrift ihren Segen gegeben haben, stammten außer aus Lübeck unter anderem aus Bremen, Groningen, Soest, Dortmund, Münster und Riga.

Die sogenannte „Ostkolonisation" hatte zu diesem Zeitpunkt schon reichlich Früchte abgeworfen. Der Osten bot im Überfluß, was es im Westen nur begrenzt gab: Land und als Lockmittel für Neusiedler ein für sie ungeahntes Maß an bürgerlichen Freiheiten mit einem hohen Maß an Rechtssicherheit. Sie zu gewähren, mußte man die Landesherren und auch die Kirchenfürsten nicht zwingen. Sie sahen ja, wie schnell sich ihr Engagement auszahlte, wie schnell sich Brachland durch Entwässerung und Rodung in blühende Landschaften verwandelte, weil es ja jungfräuliches Land war, das noch kein korruptes System abgewirtschaftet hatte. So erfüllten sich für die Siedler aus Flandern und Hessen, aus Friesland, aus Holland und Seeland, sowie aus den rheinischen Provinzen denn auch sehr bald die vollmundigen Versprechungen der Politiker.

Zwischen Lübeck und Reval war in relativ kurzer Zeit eine wahre Perlenkette von planmäßig angelegten Hafen- und Kaufmannsstädten überwiegend nach lübischem Recht und nach dem Lübecker Siedlungsmuster entstanden, die der Hanse Stabilität gaben und ihren Einfluß sicherstellten.

Für viele Menschen, die in ihrem alten Siedlungsgebiet weder Platz noch Arbeit fanden, eröffneten sich hier all jene Chancen, die durch den vielzitierten Slogan „Stadtluft macht frei" umschrieben wurden. Auch das tägliche Brot war für sie ein Teil jener Freiheit, die sie in ihrer alten Heimat vermissen mußten.

Nicht alle diese Städte waren „Gründungen" in dem Sinne, daß es an ihrem Standort vorher überhaupt nichts gegeben hatte. Oft waren dort schon slawische Marktsiedlungen gewesen, neben denen sich die deutschen Kaufleute ansiedelten. Später verschmolzen solche Siedlungen, indem sie einfach zusammenwuchsen und durch die Landesherren dann auch rechtlich zu einer Einheit zusammengefaßt wurden. Rostock,

dessen hansisches Bewußtsein auch durch ideologische Kaspe-
reien wie das kommunistische System in diesem Jahrhundert
nicht zu zerstören war, ist eine solche ursprünglich slawische
Gründung.

Auch die anderen Küstenstädte erhielten – anders als die dem
magdeburgischen Recht unterworfenen Binnenstädte – lübi-
sches Stadtrecht und mußten sich im Fall von Rechtsstreitig-
keiten dem Lübecker Richterspruch beugen. Wismar und
Stralsund gehörten ebenso dazu wie Danzig, Elbing, Memel
und Reval. Auch Anklam und Greifswald, um nur einige zu
nennen, die nicht einmal den zwanzigsten Teil dieser Tochter-
rechtsstädte ausmachten.

„Bürger-stolze" Rathäuser auf den Marktplätzen

*D*er Hanseforscher Karl Pagel hat es wie kaum ein Historiker sonst verstanden, uns das Leben in den „gotischen Städten" zu veranschaulichen. Auch wenn seine Darstellung aus der Zeit vor den großen Zerstörungen des Zweiten Weltkriegs stammt, so hat uns die Katastrophe doch so viel Anschauungsmaterial übriggelassen, daß man die Aussagen mit etwas Phantasie durchaus nachvollziehen kann.

Das auffälligste Merkmal all dieser Städte, für das er beispielhaft eine aus dem 16. Jahrhundert stammende kolorierte Federzeichnung von Rostock heranzieht, sei die Gleichmäßigkeit der Bauweise, die den Eindruck erwecke, als seien alle Häuser gleichzeitig und nach übereinstimmendem Plan ausgeführt. Ein besonderes Charakteristikum der niederdeutschen Backsteingotik – wie sie am deutlichsten trotz des Angriffs vom Palmsonntag 1942 noch in Lübeck erkennbar ist – sind die betonte Symmetrie der Fensteraufteilung und die in vielfältigen Variationen gebauten steilaufragenden Giebel.

Die Backsteingotik, die uns heute als erhaltenswertes Weltkul-
turerbe durch die erstaunlich große Bandbreite an Farbnuan-
cierungen besticht, ist die typische baukünstlerische Aus-
drucksform, die uns die Hanse hinterlassen hat. Ein kerniges,
lebenssicheres und selbstgewisses Geschlecht, um noch einmal
den Gedanken Karl Pagels aufzunehmen, habe sich in den
Bauwerken ausgesprochen. „Welch bürger-stolze Rathäuser stehen an den Marktplätzen in Lübeck, Stralsund, Danzig und
Thorn, in Bremen, Münster und Köln. Vor allem aber welche
großartige Zeugnisse eines kühnen Willens sind die mächtigen
Kirchenbauten in den Ostseestädten, im Anspruch und in Aus-
maßen von Kathedralen – in Lübeck übertrifft sogar die Kirche des Rates und der Bürgerschaft, die Marienkirche, den
Bischofsdom."

Das klingt nach Erhabenheit und Größe. Sie aber sind nur ein
Teil dessen, was mittelalterliches Selbstdarstellungsbedürfnis
ausmachte.

Der andere Teil vollzog sich zwischen den Mauern, die um den
Markt herum rechtwinklige Straßenzüge bildeten. Hier blühte
der andere Zweig hansischen Lebens, zunächst noch auf auch
landwirtschaftliche Bedürfnisse zugeschnitten, später zunehmend auf kaufmännische und handwerkliche Erfordernisse
eingerichtet.

Eine große Diele, die als Warenlager diente, war das besondere
„Markenzeichen" dieser Backsteinhäuser. Die Diele war
zugleich auch der Hauptwohnraum des Hauses, in dem sich
der Herd als Kochstelle und Heizung, anfangs sogar auch
Lichtquelle befand. Erst später wurde die Küche vom Wohn-
raum getrennt. Zu beiden Seiten der zur Straße hin gelegenen
Eingangstür gab es neben der Schreibstube eine Reihe von
Wohnräumen, ebenso auf der Galerie, von der aus man die
gesamte Diele überblicken konnte, über der sich die Spei-
cherräume befanden.

Die hygienischen Verhältnisse waren alles andere als appetit-
lich, und Berichte, die uns mittelalterliche Städte als dreckig,

ihre Straßen von Unrat übersät und besonders im Sommer von unerträglichem Gestank erfüllt schildern, werden nicht übertrieben sein. Allein schon, daß sich viele Kaufmannsfamilien Schweine hielten, die tagsüber durch die Straßen liefen, den Unrat hübsch verteilten und selbst auch ihre Misthaufen hinterließen, machen solche Überlieferungen plausibel.

Im Hof der Kaufmanns- und Handwerkerhäuser lag gleich neben dem Brunnen die Abwasser- und Fäkaliengrube, die nur selten entleert wurde.

Die ganze Familie schlief in einem Alkoven, einem großen Bett, das tagsüber hinter Schranktüren versteckt war und nur selten durchgelüftet wurde. Wer sich – wie es später in den Häusern wohlhabender Hanseaten üblich war – keinen von der Diele her beheizbaren Kachelofen leisten konnte, mußte sich mit einer Holzkohlenpfanne begnügen, um im Winter nicht Abend für Abend in ein allzu klammes Bett steigen zu müssen.
Wer es durch seine Handelsgeschäfte zu Reichtum gebracht hatte, leistete sich den Luxus einer mit Ziegelornamenten ausgelegten und mit Ledertapeten ausgekleideten „guten Stube". Sie hatte allein schon deshalb eine lange Lebensdauer, weil sie zumeist nur als Aufbewahrungsraum für die Schätze des Hauses, etwa Tafelgerät, Schmuck und kostbare Wäsche genutzt wurde.

Geöffnet wurde die „gute Stube" nur an besonderen Festtagen oder zu Familienfeierlichkeiten. Auch wenn unsere hanseatische Urgroßmutter niedergekommen war – „entweibraken", wie man das so feinfühlig nannte – wurde das „Staatszimmer" geöffnet, um ein kräftiges Freßgelage, einen „Frittup", zu veranstalten, an dem sich auch die Wöchnerin nach Kräften beteiligte.

Irgendwie mußte man ja die Zeit herumbringen und sich für die Monate bis zur nächsten Schwangerschaft stärken. Und Essen war nun einmal eine der Lieblingsbeschäftigungen der alten Hanseaten.

Ein Literat der nachhanseatischen Zeit zählte zu diesen Hauptvergnügungen auch noch das „Vogelschießen", womit die später aufkommenden Schützenfeste gemeint waren, und das Hängen und Köpfen, das in den Hansestädten mit Leidenschaft und – ebenso wie mildere Strafen – unter großer Anteilnahme des Volkes praktiziert wurde.

Das gibt uns Veranlassung zu einem weiteren Exkurs in ein anderes Kapitel hanseatischer Alltagsbewältigung.

Kleiner Exkurs:

Von den Buchhaltern des Henkers

*H*andwerk war in der mittelalterlichen Welt nicht gleich Handwerk. Man unterschied sehr fein nach sogenannten ehrlichen und unehrlichen Berufen. Ehrlich im Sinne von ehrbar und hochgeachtet, waren zum Beispiel die Zimmerleute, die sich ja – sofern sie der Zunft angehören – noch heute „Ehrbare Zimmergesellen" nennen.

Als unehrlich dagegen (nach heutigem Sprachgebrauch etwa „nicht gesellschaftsfähig") galt der Henker. Klar. Wer mochte schon Umgang mit Leuten pflegen, die anderen mehr oder weniger kunstvoll den Kopf abschlugen oder sie am Galgen hochzogen.

Zwischen diesen beiden Extremen gab es eine Skala feinabgestufter Rangordnungen, unterschiedliche Grade der Mißachtung, die man bestimmten Berufsgruppen entgegenbrachte.

Besonders auch die Schornsteinfeger litten darunter, daß man sie noch bis in die Mitte des 18. Jahrhunderts hinein nicht als vollwertig betrachtete trotz – wie ein Historiker bemerkt – „ihres so nützlichen und nothwendigen Gewerbes" und trotz der Tatsache, daß sie „durch die Camine ins Innerste der Häuser dringen, dennoch alle Schätze an Geld und Edelsteinen auf ihrem Werth oder Unwerth beruhen lassen und nichts davon mitnehmen. Und man erwäge ferner die vielen Feuersbrünste mit den kläglichsten Opfern an Gut und Menschenleben in ihrem Gefolge, die diese todesverachtenden schwarzen Gesellen durch waghalsiges Einschreiten im ersten Erstehen ersticken."

Wenn die Schornsteinfeger das hatten, was man heute ein schlechtes Image nennt, dann verdanken sie dies ihren barfüßigen Lehrjungen, die sich im Laufe der Zeit zu einer Art

Hilfstruppe des Scharfrichters entwickelt hatten. Wenn nämlich das Auspeitschen, die sogenannten „Ruthenstrich-Executionen" am Kaak, dem Pranger vor der Frohnerei, angesagt waren, dann kletterten die Schornsteinfegerjungen auf die Dächer der umliegenden Häuser und präsentierten ihre Reisigbesen, stolz darauf, daß „deren Material mit den Ruthen des Scharfrichters einerlei Ursprungs" war.

Die Schornsteinfeger nahmen deshalb das Recht und die zweifelhafte Ehre einer Art „Büttelassistenz" für sich in Anspruch, dem Urteilsvollstrecker – wie es der Historiker Beneke beschreibt – „choraliter et unisono" seine Schläge vorzuzählen. Das Publikum, das sich zur Exekution auf dem Richtplatz zwecks unterhaltsamer Kurzweil jedesmal in großer Zahl einfand, pflegte die Rutenstreiche laut nachzuzählen, so daß es geklungen haben soll wie ein vielstimmiger Kanon: Erst von den Dächern, dann der Schlag und schließlich die Antwort vom Richtplatz. Der Kanon bestand gewissermaßen aus neun Strophen; denn neun mal sechs Schläge waren das in den Hansestädten Hamburg und Lübeck übliche Strafmaß. Das war für den Delinquenten zwar schlechter als bei der übrigen Christenheit, die sich auf 39 Streiche beschränkte aus Respekt vor dem Apostel Paulus, dem man – wenn denn die Korinther richtig gezählt haben – nur 40 minus eins verpaßt hatte. Aber es war wesentlich besser als nach islamischem Recht. Da waren nämlich jedesmal 80 Hiebe fällig.

Zurück zu den Schornsteinfegern: Als die Prügelstrafe in den meisten Hansestädten schon längst abgeschafft war, nahm ihnen das Volk immer noch übel, daß die Herren mit dem schwarzen Zylinder einst für den Büttel gewissermaßen Buchhalter gespielt und so schön vorgezählt hatten.

Noch 1863 konnte sich ein Autor gar nicht vorstellen, was man den armen Schornsteinfegern dennoch vorzuwerfen hatte, um so mehr – wie er notierte – als die sich „durch bescheidenes Ausweichen auf den Trottoirs unzweifelhafte Verdienste um die hellfarbenen Toiletten der Damen erworben" hatten.

Aber so ist das nun einmal im Leben, nicht nur in dem der Schornsteinfeger: einmal auf der falschen Seite Hurra geschrien, und schon haben nachfolgende Generationen den Ärger!
Und vieles müssen die braven Bürgersleute in den Hansestädten noch heute ausbaden, was ihnen ihre hansischen Ururgroßväter eingebrockt haben!

„Deutschritter" erobern das Land der Pruzzen

Nach so viel Volksnähe ist es an der Zeit, uns einer elitären Gruppe zuzuwenden, die der Ausbreitung der Hanse ihre Dienste erwiesen hat. Ob es ausschließlich gute Dienste waren, daran hat der weitere Verlauf der Geschichte mancherlei Zweifel offengelegt. Aber wie bei jedem Urteil über historische Tatsachen, kommt es auch hier auf den Standpunkt des Betrachters an und auf den Blickwinkel, den ihm sein Standpunkt ermöglicht.

Packen wir's also an.

Zunächst einmal handelt es sich bei den Aktionen, die unter dem Stichwort „Gründung des Ordensstaates" in die Geschichte eingegangen sind, um eine gigantische Arbeitsbeschaffungsmaßnahme für eine privilegierte Abenteurergruppe.

Zur Vorgeschichte: Während des dritten Kreuzzugs ins Heilige Land, bei dem sich die Christen ganz unchristlich herumgeprügelt haben, hatten Kaufleute unter anderem auch aus Lübeck und Bremen in Accon ein Hospital für die Verwundeten gegründet. Sie bezeichneten sich mit dem umständlichen Namen „Orden der Ritter des Hospitals St. Marien der Deutschen zu Jerusalem". Weil das tatsächlich zu umständlich war, sprach man bald darauf kurz und bündig von „Deutschherren". Was aber wohl nicht als Vorgriff auf eine „Herrenrasse" zu verstehen war, sondern eher auf eine gewisse Vornehmheit, mit der die Herren ihre Arbeit zu erledigen trachteten.
Was aber war diese Arbeit? Zwar hatten sie sich noch mit fürstlichem Segen von einem schlichten Krankenpflegerorden zu einem geistlichen Ritterorden aufwerten lassen, aber als Jeru-

salem gefallen war, gab es nur noch wenig Nachfrage nach ihrer sehr speziellen Dienstleistung.

Hätte Johannes Gutenberg die Kunst des Buchdruckens nicht erst um die Mitte des 15. Jahrhunderts, sondern schon 300 Jahre früher erfunden, dann hätten sich die Herren vielleicht in einer Zeitung auf Jobsuche begeben können. Etwa so:

„Eingeschworene Gemeinschaft, genügsam und unternehmungslustig, finanziell unabhängig und standesbewußt, ungebunden und managementerfahren, kampferprobt mit internationalen Kontaken, sucht angemessenes Betätigungsfeld."

Da es aber noch keine Zeitung gab, waren die Deutschherren darauf angewiesen, daß sich ihr Anliegen auf dem Weg der Mundpropaganda irgendwie herumsprach.

Der erste, der davon Wind bekam, war der ungarische König, der 1212 dringend eine Söldnertruppe brauchte, die seine Grenzen in Siebenbürgen sicherten. Die Herren vom Deutschen Orden reisten auch brav an, erwiesen sich dann aber als weniger brav. Drei Jahre lang machten sie sich ziemlich mausig und spielten sich als Herren im Land auf, dann warf sie der ungarische König wieder raus!

Die Sache, das hatten sie aus ihrer Pleite gelernt, mußte anders angepackt werden. Der Mann, der das Zeug dazu hatte und sich mit den Qualitäten eines Unternehmensberaters bis zum Hochmeister des Ordens emporgearbeitet hatte, hieß Hermann von Salza.

Als der, auf welchem Wege auch immer erfuhr, daß der Herzog Konrad von Masowien die heidnischen Pruzzen missionieren wollte, schlug er ihm ein für beide Seiten lukratives Geschäft vor: Ehrlichen Lohn für harte Ritterarbeit.

Seine toughen Jungs vom Orden, so ließ er wissen, würden die Sache schon schaukeln und den Pruzzen gehörig eins auf die Mütze hauen. Im Gegenzug aber müsse der Orden das Kulmer Land und das sicher leicht zu erobernde Preußen zum Reichslehen haben. Konrad war begeistert. Man gibt gern, was einem nicht gehört.

Damit auch alles eine Ordnung hatte, fungierte Kaiser Friedrich II. als Notar und ließ 1226 alles schön in die Goldene Bulle von Rimini schreiben. Weil ja Notare immer schreiben, was man von ihnen verlangt, auch wenn's 'ne Schweinerei ist!

In dem zu erobernden Gebiet, so stand geschrieben, solle der Hochmeister die Stellung eines Reichsfürsten mit allen entsprechenden landesherrlichen Hoheitsrechten haben. Und nicht einmal der Papst solle in die Unabhängigkeit des Ordenslandes dreinreden dürfen, obwohl er die päpstliche Verantwortung für die Mission übernahm.

Die gottgefällige Krankenpflegergesellschaft war zu einem Unternehmensverband mutiert, bei dem der Liebe Gott beide Augen zudrücken mußte. Und er drückte. Wenn auch mit einer gewissen kreuzzugsbedingten Verzögerung. Dann aber ging es flott voran. Wieder spielte Lübeck, das inzwischen freie Reichsstadt geworden war – wie schon bei den Kreuzzügen – eine Schlüsselrolle als Umschlagplatz für Güter und Menschen: Eine unbezahlbare Operationsbasis, von der aus man Preußen auszuhebeln gedachte. Auch Danzig am östlichen Ende der Ostsee, inzwischen dem lübischen Recht unterstellt, mischte kräftig mit.

1230 lief die Sache an. Hanse und Ritterorden zogen nicht nur am selben Strang, der Orden betrachtete sich auch als Mitglied der Hanse. Vom Westufer der Weichsel rollten die Ritter das Land der Pruzzen auf, gründeten reihenweise Städte, als wichtigste schon bis 1232 Thorn und Kulm.

1233 schrieben sie die „Kulmer Handfeste", ein Gesetzeswerk, daß für das ganze Preußenland galt, und das nicht nur bis ins kleinste Detail die Pflichten und Rechte der Neusiedler aus Deutschland festlegte, sondern auch das Obereigentum des Ordens.

Von den Rechten der Pruzzen war nicht die Rede. Die hatten keine. So jedenfalls sah es der Orden. Aber das Heidenland war trotz allem für den Deutschen Orden ein ziemlich harter

Brocken. Auch wenn die Schlag auf Schlag erfolgten Städte-
gründungen anderes anzunehmen nahelegen:

1237 Elbing, das bis zur Ablösung durch Danzig zum wichtigsten Hafen wurde, 1243 vier Bistümer, 1252 Memel, das
ursprünglich Neudortmund hieß, 1254 Braunsberg und 1255
Königsberg. Damit war einstweilen das Ziel der ordensritterli-
chen Wünsche erreicht. Bei Königsberg wollten die Ritter nicht
nur Hütten bauen, sondern es durfte schon ein bißchen mehr
sein: 1274 legten sie den Grundstein für ihre Marienburg, die
35 Jahre später zur Residenz ihres Hochmeisters wurde.

Das Land hatten die Deutschherren von diesem Zeitpunkt an
fest im Griff. Vom Widerstand der ursprünglichen Bewohner
war keine Rede mehr. Statt zur eigentlichen Sicherheit nur Bur-
gen und Städte zu bauen, konnte man jetzt mit der planmäßi-
gen Besiedelung mit Bauerndörfern beginnen. Die meisten
Neusiedler kamen aus Mitteldeutschland, viele aber auch
aus den rheinischen und westfälischen Provinzen, aus
denen die Menschen schon dem Ruf Heinrichs des
Löwen nach Lübeck gefolgt waren.

Für Lübecker Kaufleute warf die Ordenspolitik reichlich Profit ab. Ihre Flotte transportierte nicht nur die
über See zureisenden Siedler, sie sicherte auch die

Logistik der Deutschherren in der Zeit der Eroberungsfeldzüge.

Kurz vor der Wende zum 14. Jahrhundert erweiterten die Ordensherren ihr Territorium nach Westen um Pommerellen, weil ein Fürstenhaus ausgestorben war. Im Gerangel um die Nachfolgeansprüche hatten die Ordensleute gegen Polen, Böhmen und Brandenburg die schlagkräftigeren Argumente.

Dabei ging es allerdings nur um einen relativ bescheidenen Zugewinn. Wichtiger war, was sich im Norden holen ließ. Diesmal durch Verbrüderung mit einem anderen Orden, der dort schon seit dem Ende des 12. Jahrhunderts mit Unterstützung Gotlands eifrig missioniert hatte. Auf diese Weise war Riga entstanden und zum Bischofssitz aufgestiegen. Mit dem Schwertbrüderorden, der als treibende Kraft Livland, Semgallen und Kurland unter seine Fittiche genommen hatte und auch wacker gegen das von Dänemark beschützte Estland mit dem Bistum Reval kämpfte, vereinigte sich der Deutsche Orden.

Tatsächlich gelang es den alliierten Orden, den Dänen einen Teil dieser Gebiete abzunehmen und dort sofort Kaufmannsniederlassungen zu gründen. Dorpat ist eine dieser Niederlassungen, und in Reval siedelten sich 1230 an die 200 deutsche Kaufleute an, um den dänischen und schwedischen Siedlern die schönen Geschäfte nicht allein zu überlassen.

1237 praktizierten die Deutschritter eine Art Gleichschaltung, nachdem die Schwertbrüder eine Niederlage erlitten hatten: Die übriggebliebenen wurden in den Deutschen Orden eingegliedert. Den zog es jetzt ostwärts. Damit aber hatte er sich gründlich verrechnet. Denn im Osten stand der Großfürst Alexander Newski, den die Nowgoroder in ihrer Not gerufen hatten. Auf dem Eis des Peipussees verpaßte er den Ordensrittern eine gehörige Tracht Prügel.
Zur Abwechslung versuchten die es erstmal mit dem Zug nach Süden. Dort saßen die Schameiten, ein litauischer Stamm. Aber die erwiesen sich als widerstandsfähiger, als es die Deutschherren erwartet hatten. So erreichten sie nicht, was ihnen so gut ins Konzept gepaßt hätte: den territorialen Anschluß an ihr Kerngebiet Preußen. Von einem zum anderen Teil ihres Ordensstaates konnten sie nach wie vor nur mit dem Schiff gelangen.
Und das freute wiederum jene, die über reichlich Schiffe verfügten:

Die Lübecker.

Die „Südmänner"
ziehen ins Paradies
der Fischhändler

*D*änemark hat die Hansen im 13. Jahrhundert in zweifacher Hinsicht beschäftigt: Die bedrohliche dänische Oberhoheit loszuwerden, war eines ihrer vorrangigen Ziele. Denn damit, so war ihnen klar, würden sie bei ihren Durchfahrten durch den Sund nicht ständig belästigt werden. Das wiederum bedeutete, daß sie ihre Interessen im Nordseeraum sichern konnten. Vor allem würden sie – das war ihr zweites dringendes Anliegen – eine freie Zufahrt nach Schonen haben.

Beide Ziele haben die Hansen erreicht. Auch wenn ihre immer wieder aufflackernden Auseinandersetzungen mit den Dänen die künftige Hansegeschichte mitbestimmen sollten, so hatte man doch wenigstens vorübergehnd Ruhe. In Dänemark siedelten sich deutsche Handwerker und Händler, teilweise nach deutschem Stadtrecht an, ohne jedoch gegen die Einheimischen deutlich abgegrenzte Gemeinden zu bilden.

Damit war Schonen offen für den handelspolitischen Angriff der Hansen, mit dem sie schon seit langem geliebäugelt hatten. Was sie dorthin zog, war nicht das Naturereignis einer landschaftlich ungewöhnlich reizvollen Insel. So etwas ließ sich ja in vortouristischer Zeit nicht zu Geld machen. Der Fischreichtum lockte sie, insbesondere der Hering. Noch 300 Jahre später wird der nur selten zu Übertreibungen neigende Historiker Olaus Magnus schwärmen:

„Der Hering kommt in so gewaltigen Massen zur Küste, daß nicht nur die Netze der Fischenden reißen, sondern sogar eine zweiklingige Streitaxt oder Hellebarde stehen bleibt, wenn man sie in den Fischschwarm steckt."

Ein solches Paradies der Fischhändler wollte sich die lübische Hanse nicht entgehen lassen. Sie verfügte ja über das Salz aus Lüneburgs Salinen. Damit ließ sich der Hering haltbar machen und in Fässer verpackt bis nach Südeuropa verschiffen. Die Nachfrage war gewaltig. Besonders zu der von der Kirche verordneten Fastenzeit. So haben denn die irdischen Manager des Lieben Gottes der Hanse nach ihrem riesigen Bedarf an Kirchenwachs aus Nowgorod zum zweiten Mal zu guten Geschäften verholfen. So etwas verbindet, und die Hansen zeigten sich nicht kleinlich, wenn es galt, in ihren Städten kostspielige Gotteshäuser zu errichten. Zum Lob des Herrn und zur eigenen Selbstdarstellung.

Auch weiter nördlich fanden die Hansen ein ertragreiches Betätigungsfeld. Schon Heinrich der Löwe hatte mit dem

Schweden Knut Eriksson 1173 einen Handelsvertrag mit gegenseitigen Schutzzusicherungen geschlossen. Aber die Schweden waren cleverer als andere Partner. Sie ließen sich nicht verdrängen, sondern integrierten die deutschen Handels- und Handwerksspezialisten. Sie gaben den ins Land kommen- den Hansen keine Privilegien, sondern lieber ihre Töchter. Damit stellten sie sicher, daß die Fremden blieben – jedenfalls die meisten – und in einem kontinuierlichen Assimilierungs- prozeß eine schwedische Identität annahmen. Für die Hanse, die in erster Linie an schwedischem Kupfer und dem Eisen „Osemund" interessiert waren, zahlte sich solche Flexibilität in ihrer Expansionspolitik aus. Zwar gab es auch unter den Schweden rechte Miesmacher, die gegen den Pöstchenhunger der Deutschen aufbegehrten und in einem 1460 verfaßten Pamphlet allen Ernstes behaupteten, die Deutschen – die übri- gens beim Aufbau Stockholms emsig mitge-

wirkt hatten – würden in der Stadt auf allen Amtsstühlen hocken und den armen Schweden nur den Job des Scharfrichters und des Totengräbers überlassen. Das war tendenziell richtig, aber ausgezahlt hat sich die Arbeitsteilung am Ende für alle! Gelohnt hat sich für die Hansen auch der Handel mit Norwegen, in den sich die Nordseestädte Bremen, Hamburg und auch Stade frühzeitig eingeschaltet hatten, weil der Stockfisch gute Gewinne versprach, ebenso Tran und Häute. Dabei waren die Norweger von Anfang an wenig geneigt, deutsche Niederlassungen auf ihren Territorien zu akzeptieren. Aber sie waren auf die Einfuhr lebenswichtiger Güter wie Getreide, Mehl, Gemüse, Malz und vor allem das zu seiner Zeit berühmte Hamburger Bier angewiesen, und das machte sie bald von der Hanse abhängig. Die Hansen, stets bereit, ihre Machtposition rigoros zu nutzen, duldeten keinen Widerstand gegen ihre offensive Handelspolitik. Als die Norweger aufmuckten, behaupteten die lübischen Kaufleute rundheraus, die Norweger hätten ein Hanseschiff gekapert (was angesichts der bedrängten norwegischen Schiffe vielleicht tatsächlich geschehen sein mag). Flugs bliesen die Hansen zum Gegenangriff: 1284 verhängten sie eine Handelssperre gegen Norwegen. Das zehn Jahre zuvor erworbene volle Stapelrecht in Bergen konnten die Hansen nun als Trumpfkarte gegen Norwegen aus dem Ärmel ziehen und genüßlich zugucken, wie die norwegische Front unter dem Boykott der „Südmänner" zusammenbrach.

Norwegen mußte sich dem Monopol der Hanse ausliefern. Nach und nach fielen alle Beschränkungen, denen die Deutschen unterlagen, wie etwa die auf sechs Wochen begrenzte Aufenthaltsdauer. Mit dem Beginn des 14. Jahrhunderts hatte die Hanse ihren Fuß fest im Land der Trolle und gründete ihr Kontor in Bergen. Zu einer Zeit, zu der das Hansekontor in Nowgorod sein hundertjähriges Jubiläum schon längst hinter sich hatte.

Test the West:
Die „Osterlinge"

*E*rinnern wir uns, daß es 1266 Englands Heinrich III. gewesen war, der mit seinem Satz „Habeant hansam suam" den Begriff der Hanse wenn auch nicht erfunden, so doch in einem bedeutungsvollen Dokument erstmals erwähnt hat.

Es war allerdings nicht das erste Zusammentreffen der Söhne John Bulls mit den aufs Handeln versessenen Deutschen. Die rheinischen Frohnaturen hatten längst ihren Fuß auf die Insel gesetzt und zur Freude der Engländer mitgebracht, was sie selbst so fröhlich stimmte: herrlichen deutschen Rheinwein, die Urmutter jenes Rebensaftes, der auf den britischen Inseln noch heute unter der Sammelbezeichnung „Liebfrauenmilch" schöner duhnt als alle anderen.

Dann waren viele Rheinländer dem Ruf des deutschen Heinrich, des Löwen, gefolgt, und hatten zusammen mit Westfalen und anderen Lübeck gegründet. Und eben diese „lübischen" kamen nun in den dreißiger Jahren des 13. Jahrhunderts die Themse heraufgesegelt, und bedrohten die Stellung jener Rheinländer, die sich bereits mit Bleiberecht in London festgesetzt hatten, und die wir der Einfachheit halber Kölner nennen wollen. Die mochten jammern und sich wehren, soviel sie wollten - gegen die Gesetze des Marktes waren alle anderen Gesetze machtlos. Und die aus Kölner Sicht aus dem Osten kommenden „Osterlinge" warfen auf den Markt, was die Engländer noch mehr liebten als Wein: alle jene verführerischen Produkte auf der breiten Palette zwischen Pelzen, Wachs, Holz und Honig, die von den Hansen aus dem weiten Rußland herangebracht wurden. Da war es klug von den Kölnern, statt einen aussichtslosen Kleinkrieg fortzusetzen, sich 1281 mit den Eindringlingen zusammenzuschließen. Aber zunächst nicht zu eng! Sie blieben in der ihnen überlassenen „Guildhall", aber sie protestierten nicht, daß die Hamburger und Lübecker sich gleich nebenan im Stalhof einmieteten. Später hieß die gesamte Niederlassung der Hanse in London „Stalhof". Die Bezeichnung geht auf das Wort „stalen" zurück, mit der das Plombieren und Markieren von Stoffen gemeint war.

Die Methode, mit der sich die Hansen die englische Krone - insbesondere Eduard III. – gefügig machte, war nicht die Erfindung der Hansen. Aber sie setzten sie wirksam ein: Weil Könige immer und zu allen Zeiten Geld benötigten, und die Hansen es in ihren Glanzzeiten im Überfluß besaßen, liehen sie es einfach aus. Die Sicherheit, die sie sich dafür geben ließen, waren Privilegien und nochmal Privilegien.

Eduard III. kostspieliger Krieg gegen Frankreich erwies sich für die (direkt gar nicht beteiligten) Hansen als gewinnträchtiger Feldzug. Der Schuldschein, den Eduard ausstellte, war die „carta mercatoria". Sie stellte die Hansen besser als alle anderen Kaufleute auf der Insel, einschließlich der Engländer selbst.

Auf ihrem Zug gen Westen traf die lübische Hanse auf einen Zusammenschluß von Kaufleuten – einer Konkurrenz-Hanse gewissermaßen – die im flandrischen Brügge den „Stapel der Christenheit" aufgebaut hatten, womit sie signalisierten, daß es sich um eine mitteleuropäische Handelsmetropole handelte. Eifrig transportierten die flämischen Kaufleute ihre wertvollen Tuche nach den deutschen Städten und holten von dort nicht nur lokale Erzeugnisse, sondern auch, was die Händler der Gotländischen Genossenschaft aus dem Osten herbeigeschafft hatten. Das ging den lübischen Hansen gewaltig gegen den Strich. Und sie schmiedeten einen Plan, von dem der Hanse-Forscher Uwe Ziegler behauptet, er sei ein gigantischer Bluff gewesen, mit dem die Lübecker und Hamburger das als nicht realisierbar Erkannte gefordert hätten, um sich schließlich mit einem – für sie immer noch gigantischen – Kompromiß-Ergebnis zufriedenzugeben: Der Gräfin Margarete von Flandern schlugen sie vor, unmittelbar neben der flandrischen Stadt

Damme ein deutsches „Neudamme" als gewaltigen zentraleuropäischen Hafen zu gründen. Frau Gräfin mochten dieses Tänzchen denn doch nicht wagen. Es hätte ihr doch zu viel Ärger mit den angestammten Kavalieren, ihren flämischen Handelsherren, eingebracht. Aber gegen ein bißchen Flirten war Margarete nicht abgeneigt. Sie ermäßigte den Deutschen die Zölle in Brügge und Damme, setzte für sie auch im übrigen Flandern Vergünstigungen durch und erlaubte ihnen sogar den Betrieb einer eigenen Waage.

Für die „Lübischen" war das nur der Anfang, das Standbein, während sie sich mit dem anderen geschickt immer weiter vortasteten. Am Ende hatten sie nicht nur Flandern, sondern auch Utrecht, Brabant und Dordrecht fest im Griff. Die „Osterlinge" hatten in der „Westsee" eine Machtposition aufgebaut, in die sie alle Erfahrungen einbrachten, die sie bei der Entwicklung der Ostseehanse gesammelt hatten. Und sie nutzten ihre Fähigkeit, andere von sich abhängig zu machen. Sie hatten das große Monopoly gewonnen und bestimmten die Spielregeln. Gelegentliches Mogeln nicht ausgeschlossen!

Gehandelt wurde buchstäblich alles, was den Katalog des damaligen Welthandels ausmachte. Brügge wurde zum Welthandelszentrum, ein gigantischer Warenumschlagplatz, eine permanente Messe, in deren Hafen genuesische und venezianische Schiffe ebenso festmachten wie französische, irische, schottische, englische, norwegische, und natürlich immer wieder die robusten Koggen der Ostseehanse. Diese Schiffe, bestückt mit einem einzigen Rahsegel und in ihrer Größe von nachfolgenden Generationen oft überschätzt, bedeuteten eine Revolution im Frachtverkehr über See. Den dickbauchigen Koggen, die nicht so schnell waren wie die noch von den Gotländern benutzten Wikingerschiffe, die aber weitaus größere Ladungsmengen transportieren konnten, verdankt die Hanse einen Teil ihres immensen Erfolgs.

Handelsboykott
als Druckmittel

*D*ie Hanse war gegen Ende des 13. Jahrhunderts zu einem respekteinflößenden Machtfaktor herangereift. Aus dem Bündnis einzelner Kaufleute zur Abwehr von Gefahren und zur Durchsetzung gemeinsamer Handelsinteressen war nach und nach ein Städtebund geworden, der sich selbstbewußt die „Stede van der dudischen Hanse" nannte.

Lübeck und Hamburg hatten dabei – nachdem der Rheinische Bund nach kurzer Zeit wieder zerfallen war – eine gewisse Vorreiterrolle gespielt. 1230 hatte Hamburg den Lübecker Bürgern gleiche Rechte eingeräumt, elf Jahre später verabredeten beide die Bekämpfung des Straßenraubs, Mitte der sechziger Jahre vereinbarten sie die Vereinheitlichung ihrer Münzwährung. Auch sonst rückte man näher zusammen.

Das galt auch für Lübecks Verhältnis zu den anderen Ostseestädten, das zunächst noch dadurch getrübt gewesen war, daß die Lübecker gern zeigten, wer der Herr im Hause war. (Was es immer mal wieder mit wechselndem Erfolg versuchte).

Zusammen mit Rostock und Wismar beschloß man 1259, die Seeräuberei zu bekämpfen. Aus dieser Vereinbarung entwickelte sich schnell der Bund der wendischen Städte, zu dem auch Hamburg gehörte. Nicht nur gegen Seeräuber, so versprachen die wendischen Städte, wolle man zusammenhalten, sondern gegen jede Art von Angriffen auf den Status der Hanse und gegen Begehrlichkeiten. Auch gegen die der Landesherren.

Darin lag reichlich Konfliktstoff; denn Landesherren gab es mehr als genug. Und die waren oft „not amused" über das, was die Hanse anstellte.

Allerdings bekam es Lübeck selbst und seinen Partnern auch nicht immer gut. Als sie aber wegen der Verletzung ihrer Privilegien einen Handelsboykott gegen Brügge verhängten, ging die

Sache noch einmal glatt, und 1309 waren alle ihre Rechte (und noch einige mehr) wiederhergestellt, einschließlich des freien Handels ohne Makler. Dafür respektierten sie Brügge als Stapelplatz, auf dem alle ihre Waren zuerst angeboten werden mußten.

Auch Norwegen machten die wendischen Städte mit einem Handelsboykott gefügig. Die Dänen erwiesen sich dagegen als zu harter Brocken. Denen steckte ihre Niederlage bei Bornhöved noch in den Knochen, und sie sannen auf Rache. Erst besetzten sie die sich tapfer wehrenden Städte Wismar und Rostock, dann belagerten sie Lübeck. Da auch die holsteinischen Grafen gierig nach der wohlhabenden Gründung ihrer Ahnen griffen, entschied sich Lübeck für das aus seiner Sicht kleinere Übel und vertraute sich dem Schutz des Dänenkönigs an. Das Glück wollte es, daß der Dänenkönig bald darauf das Zeitliche segnete, und es sich herausstellte, daß er in der Partie um die dänische Großmacht zu hoch gepokert hatte.

Es war nicht das letzte Mal, daß Dänemark die Hanse bedrohte. Aber es war das erste Mal, daß der Bund wendischer Städte in die Krise geraten war. Jedenfalls politisch. Denn die Handelsgeschäfte waren munter weitergegangen. Und die Geldsäcke der Kaufleute waren prall wie eh und je!

Hansetag beschließt „Solidaritätsabgabe"

*D*ie überaus günstige Handelsbilanz war wohl auch der Grund dafür, daß die „Mutter der Hanse" ihr vorübergehend eingebüßtes politisches Ansehen schnell wiedergewonnen hatte. Und schon bald war Handlungsbedarf gegeben.

England und Frankreich hatten sich auf eine wüste Keilerei eingelassen, die als „hundertjähriger Krieg" in die Geschichte eingehen sollte. Englische Kaperschiffe nahmen auch den hansischen Kaufleuten ihr Sauerverdientes ab, und die beriefen sich auf ihr von Brügge zugesichertes Geleitprivileg und wollten entschädigt werden.

Welcher Graf aber rückt schon gern Bares heraus? Auch die Grafen von Flandern spielten nicht mit. In dem Gerangel der daraus folgenden Auseinandersetzungen wollte Lübeck die Stellung des Hansekontors in Brügge neu regeln und lud zum ersten sogenannten Hansetag ein: 1356 lautet das geschichtsträchtige Datum.

Als folgenschweres Ergebnis kam dabei heraus, daß die bis dahin unabhängige Kaufmannsgenossenschaft von Brügge nun den vereinigten Städten unterstellt war. So wie es Bergen von Anfang an gewesen war, und wie es alle anderen nach und nach auch zu schlucken gehabt hatten.

Diese Hansekontore waren ursprünglich als genossenschaftliche Bünde organisiert, die ihre Angelegenheiten nach sich selbst verordneten Satzungen regelten und in eigener Verantwortung mit den jeweiligen Landesherren die gegenseitigen Rechte und Pflichten aushandelten. Politisch hatten sie unterschiedliche Stellungen; die in diplomatischer Hinsicht wichtigsten waren die Niederlassungen in Brügge und London. Finanziert wurden die Kontore durch eine Art Solidaritätsabgabe, die am jeweiligen Umsatz einzelner Kaufleute orientiert war. Die Kasse verwaltete ein Ältermann, der jeweils auf ein Jahr gewählt wurde. Der Ältermann vertrat das Kontor nach draußen und war nach innen zugleich der Gerichtsherr.

Die Kontore waren, mit Ausnahme von Brügge, zugleich auch der Wohnbezirk der deutschen Kaufleute, in dem eine strenge Disziplin herrschte, und gegen die nicht ungestraft verstoßen werden durfte.

Die Kontore waren abgeschlossene Bezirke, kleine Städte in der Stadt, in denen es oft alles gab, was zum Leben benötigt wurde, einschließlich Kirche und Badehaus.

Dennoch gab es zwischen den einzelnen Kontoren Unterschiede, die durch regionale Besonderheiten geprägt waren.

In Nowgorod unterschied man zwischen Sommer- und Winterfahrern, die jeweils in „ihrer" Jahreszeit blieben, weil man nur in den eisfreien Monaten hin- oder zurückreisen konnte.

Da waren die Rahmenbedingungen etwa in London ungleich angenehmer. Es war der Platz, wie ein Chronist anmerkt, an dem sich die „Fürsten des Handels" trafen. Zwar lebten auch sie in einer geschlossenen Gemeinschaft, aber sie waren nicht so streng abgeschirmt wie ihre Kollegen in Nord- und Osteuropa. So stand dem deutschen Ältermann ein englischer zur Seite, der Streitfälle zwischen seinen Landsleuten und den Hansen bereinigte. In einer rheinischen Weinstube, die es im Stalhof gab, durften auch die Engländer aus gehobenen Ständen ihren Schoppen trinken.

Abends wurden die Tore des mit einer Mauer umgebenen Stalhofs geschlossen. Die Bewachung des Londoner Stadttores Bishopsgate hatten die Engländer den Hansen aufs Auge gedrückt, die deshalb stets bewaffnet sein mußten.

Noch offener als der Stalhof war das Kontor in Brügge. Das „Fraternisieren" zwischen den Osterlingen und den Bürgern der Stadt war beiden Seiten nicht nur erlaubt, es war sogar erwünscht. Dennoch mußte auch in Brügge ein strenger Verhaltenskodex eingehalten werden, dessen Mißachtung mit harten Strafen geahndet wurde. Schon die Unterhaltung während einer Rede des Ältermanns gehörte zu den strafwürdigen Vergehen. 1457 bauten die Hansen das Haus der Osterlinge, in und vor dem alle Kaufmannsversammlungen stattfanden. Bis zu 600 Männer nahmen daran teil.

Zwischen dem glänzenden Brügge, das zu seiner Zeit als das nordische Venedig gepriesen wurde, und dem tristen, von zerklüfteten Felsen eingerahmten Bergen, war es im wahrsten Sinn des Wortes ein Unterschied wie zwischen Tag und Nacht. Trafen sich in Brügge und London die feinsten unter den königli-

chen Kaufleuten, so war es in Bergen das Fußvolk, das zusammen mit den vielen deutschen Handwerkern einer ziemlich trostlosen Umgebung ausgesetzt war. Da hockten sie dann oft wochen- und monatelang in ihrem geschlossenen Areal der Tyskebrygge, der Deutschen Brücke. Noch heute kann man

sich im Hansemuseum von Bergen ein Bild von dem kargen Leben machen, zu dem die zumeist den Unterschichten entstammenden Männer verurteilt waren.

Frauen war ja der Zutritt zu den Hansekontoren grundsätzlich nicht gestattet. So ist es sicher nicht aus der Luft gegriffen, wenn man von Kaufmannsklöstern sprach, in denen es allerdings nicht ganz so gesittet zuging, wie man das von einem Kloster zumindest in der Theorie erwartet.

Besonders in Bergen, das die gebildeteren Kaufmannssöhne wohl lieber mieden, herrschten rauhe Sitten.

Das gibt uns Veranlassung zu einem weiteren kleinen Exkurs, mit dem wir dem Hamburger Stadtarchivar Dr. Otto Beneke in sein verstaubtes Reich folgen wollen, in dem bis zum Großen Brand von 1842 allerlei „Erschröckliches" über die Hanseatenspiele in Bergen aufbewahrt wurde.

Kleiner Exkurs

Die „Hansespiele"
in Bergen

Die Winterabende in den Hanse-Niederlassungen waren lang und langweilig. Durch die Geschäfte des Rechnens, der Buchführung und das Begutachten der eingekauften Waren allein ließen sie sich nicht ausfüllen. Hin und wieder setzte man sich an einen der grobgezimmerten Holztische, um einen Brief an die Familie zu schreiben und sie wissen zu lassen, wie es einem auf den Handelsreisen ergangen war und welche Wünsche und Sehnsüchte einen dabei auf den oft unwirtlichen und alles andere als ungefährlichen Handelswegen über Land und See begleiteten. Am Ende aber stellte man fest, daß allzu lange Abhandlungen und gar noch das Aufschreiben philosophischer Gedanken nicht die Sache des zupackenden und risikofreudigen Handelsmanns waren. Jedenfalls vermochten solche Verrichtungen nicht die Langeweile zu vertreiben. Das Leben in den Niederlassungen, das dem in Kasernen glich und dem man sich nur durch eine kurze „Aushäusigkeit" (etwa durch einen Besuch bei Handelspartnern) und mit ausdrücklicher Genehmigung eines strengen und auf Ordnung bedachten Oldermannes entziehen konnte, war alles andere als kurzweilig. Da mußten die wackeren Hansen schon einige Phantasie aufbringen, um sich die Zeit zu vertreiben.

Was die Phantasie am meisten zu beflügeln imstande gewesen wäre, ein Fünkchen Erotik, das sich an einer prallen Hanseatin aus Hamburg, Lübeck, Soest, Köln - oder in Gottes Namen auch an einem unbedarften Frauenzimmer aus der nichthanseatischen Provinz hätte entzünden können, das gab es nicht. Und es wurde streng darauf geachtet, daß es so etwas auch nie geben würde: Die Hansekontore waren reine Männerkolonien!

Und was treiben Männer, wenn man ihnen verwehrt, auf angenehme und befriedigende Art dumme Gedanken zu entfalten und in Taten umzusetzen? Sie entwickeln dumme Gedanken der unangenehmeren Art und schaffen sich einen groben und zumeist gefährlichen Zeitvertreib, wobei die Jüngeren zum Vergnügen der alten Herren ihr Fell hinhalten müssen.

Sehr zuverlässig ist belegt, wie es im norwegischen Bergen bei den sogenannten „Bergener Spielen" zuzugehen pflegte. Man sollte meinen, schrieb am Ende des 18. Jahrhunderts der in Bergen geborene Ludwig Holberg, daß die Stifter dieser Spiele eher unter Hottentotten oder unter einem rohen tatarischen Gesindel als unter Christen geboren und erzogen wären.

Brot und Spiele waren ja schon im alten Rom ein Rezept gewesen, mit dem man das stets freßlustige und vergnügungssüchtige Volk bei Laune zu halten trachtete. Auch unsere Hanseaten liebten die Spiele, die außer dem Zeitvertreib den Zweck hatten, den kaufmännischen Nachwuchs abzuhärten und für ein manchmal entbehrungsreiches, oft beschwerliches, aber meistens lukratives Kaufmannsleben zu konditionieren.

Höchst vergnüglich war die Sache für diejenigen, die auf den hölzernen und reichlich unbequemen Zuschauerbänken saßen, was allerdings immer noch besser war, als zum Hauptdarsteller des Possenspiels erkoren zu sein. „So gut wie einem neuen Quintaner", schreibt Otto Benecke, „den die Genossen übers Katheder ziehen und ihn mit einer einmaligen Tracht ehrlicher Prügel die Weihe der Verbrüderung geben, so leicht und gut wurde es den armen hansischen Handelsburschen in Bergen nicht!"

Sogar ein leibhaftiger König war von dem unmäßigen Treiben der königlichen Kaufleute, wie sie sich selbst gern nannten, hellauf begeistert. Als der Däne Christian IV. 1599 seine Stadt Bergen besuchte, bereitete ihm das Schauspiel so viel Kurzweil und Ergötzung, daß man bei Hof noch viele Jahre später darüber sprach, und der König befohlen haben soll, das Spiel mit einem seiner Lakaien zum Vergnügen des ganzen Hofstaats neu aufzulegen. Der arme Mensch, so vermerkt die Chronik, sei dabei übel zugerichtet worden.

Solches macht neugierig. Sitzen wir doch auch heute allabendlich vor der Glotze, um zur Kenntnis zu nehmen, wie überall auf der Welt Menschen geschunden werden, und freuen uns insgeheim darüber, daß es die anderen getroffen hat und nicht uns!

Ähnlich war das bei unseren hanseatischen Urgroßvätern, die ihren Spaß am „Rookspill" hatten, was schlicht übersetzt „Rauchspiel" heißt. Die Sache war eben so einfach wie wirkungsvoll: Unter Trommelschlag holte man einen Delinquenten in einer Prozession zur großen Halle, dem Versammlungsraum der Kaufmannsgesellschaft. Dann wurde der Lehrling, für den dies eine Art Prüfung zur Aufnahme in die Gemeinschaft der Männer war, in einen Sack gesteckt und im Kamin hochgezogen. Sobald er dort oben baumelte zündete man ein Feuer aus Holzgerümpel, Haaren, Teertau, Fellresten und Leder unter ihm an, damit er in seinem Sack geräuchert werde wie ein feiner Bärenschinken. Je mehr er im Rauch würgte und hustete, desto größer der Spaß! Nicht für ihn, versteht sich. Damit auch recht viel Qualm in seinen Hals hineinkonnte, verlangte die Vorschrift, daß der junge Mann ihm gestelllte Fragen

85

laut und für alle vernehmbar beantwortete. Erst, wenn er keinen Laut mehr hervorbrachte, holte man den Eingesackten herunter und kühlte ihn mit sechs Tonnen eiskalten Wassers ab.

Die anderen Spiele, bei denen der angehende Kaufmann mit ziemlich vollgestopftem Bauch per Kahn aufs Meer gefahren, über Bord geworfen und untergetaucht wurde, bis keine Blasen mehr kamen, waren dagegen geradezu harmlos. Ebenso das fröhliche Prügeln, das sogenannte „Staupenspiel", bei dem der Kaufmannsjüngling erst betrunken gemacht und dann in einem Alkoven – den die Hanseaten sinnigerweise „das Paradies" nannten – mit Birkenruten bearbeitet wurde.

Nein, das Rauchspiel war die mit Abstand schönste Unterhaltung in der sonst so tristen Handelsniederlassung von Bergen.

Nur einmal ging die Sache gründlich daneben. Ein junger Mann hatte sich in den blauschwarzen Qualmwolken zu Tode gewürgt. Jedenfalls fiel er mausetot aus dem Sack, als man ihn aus dem Kamin zog. Aber sein Gutes hatte auch das. Jedenfalls für diejenigen, die ihr Leben beim „Rookspill" nicht ausgehaucht hatten: Den Stadtvätern von Bergen gab der Unfall nämlich Veranlassung, sich über den Todesfall gehörig zu empören. Man machte es den Hanseleuten zum Vorwurf, daß einer der ihren statt kräftig zu husten einfach zu atmen aufgehört und damit den anderen gehörig die Freude verdorben hatte. Sie verdonnerten deshalb den Hansehof zu einer jährlichen Buße zugunsten der Stadtkasse, die sich dank des Vorfalls prall füllte.

Todesstrafe für einen glücklosen Kriegsherrn

*D*er Handelsinstinkt der Hansen war untrüglich und hat nur selten versagt. Ihr politischer Instinkt war weniger zuverlässig und hat sie in mancherlei mißliche Situationen manövriert.

Zum Beispiel in der Sache Waldemar Atterdag. Als der 1340 in seinem zerrütteten Dänenreich das Kommando übernahm, hatte Lübeck laut und vernehmlich Beifall geklatscht. Und zunächst hatte der gute Waldemar denn auch Samtpfötchen gezeigt und den wendischen Städten allerlei Zugeständnisse gemacht. Nach und nach aber hatte sich sein marodes Reich konsolidiert. Und da schlug er plötzlich zu, was er vermutlich schon immer im Sinn gehabt hatte: 1360 besetzte er Schonen und ließ sich lange bitten und unanständig hoch bezahlen, bevor er die Handelsprivilegien bestätigte. Und weil der Überfall so gut funktioniert hatte, nahm er im darauffolgenden Jahr auch Gotland und plünderte das immer noch wohlhabende Visby, neben Lübeck die wichtigste Stadt des Bundes.

Das war den Hansen, die am liebsten das Sagen und Frieden hatten, denn doch zu bunt. Nur wenige Tage später trafen sie in Greifswald zusammen und einigten sich darauf, über Dänemark erstens einen Boykott zu verhängen und zweitens Waldemar den Krieg zu erklären. 1362 zogen sie los, eine riesige Armada, fast 50 Schiffe und annähernd zweieinhalbtausend Mann unter Waffen. Das erklärte und vorrangige Kriegsziel war die Sicherung des Stützpunktes Schonen.

Waldemar Atterdag hatte hoch gepokert und er merkte zu spät, daß er sich allein einer viel zu großen Übermacht gegenübersah, die von Lübecks Bürgermeister Johann Wittenborg befehligt wurde. Er ließ seine Armada nach Helsingborg segeln und die Festung belagern. Ein ganzes Vierteljahr lang lag die Flotte da, ohne daß etwas passierte. Die Hansen hofften auf Verstärkung aus Norwegen und Schweden, um dann den Sturm zu beginnen. Aber sie warteten vergebens. Obwohl Hilfe fest zugesagt war, drückten sich die Skandinavier. Davon mußte Waldemar Atterdag Wind bekommen haben. Jedenfalls gelang ihm ein Überraschungsangriff, bei dem er den Lübischen ein rundes Dutzend Koggen wegnahm und den Rest vom Nachschub abschnitt. Das war ein glatter Sieg, und Wittenborg mußte um einen Waffenstillstand bitten.

Die Lübecker wollten, wenn es denn schon keine Siegesfeier gab, dem Volk wenigstens einen kleinen Spaß bieten und ließen den glücklosen Johann Wittenborg im Sommer 1363 auf dem dafür so schön geeigneten Lübecker Marktplatz hinrichten.

Während der eine seines Kopfes verlustig ging, verloren die anderen ihr Prestige. Und wieder hörte der wache Waldemar das Gras wachsen: Als er merkte, daß die Städte geschwächt

waren, brach er den Waffenstillstand und verhandelte an allen Fronten zwischen Norwegen, der Zuidersee und dem Ordensstaat, um dem Hansebund zu schaden. Zur Abwechslung versuchte er es immer mal wieder mit der Politik der kleinen Nadelstiche – gerade so, wie es ihm die jeweilige politische Lage erlaubte. Das aber konnte auf Dauer nicht gutgehen.

So kam es zum einzigen Hansetag, der jemals in Köln stattfand: Im November 1367 beschloß die Hanse, in ihrer "Kölner Konföderation", dem Dänenkönig eine Kriegserklärung zu schicken und die Gründe dafür in einem Rundschreiben alle wissen zu lassen, die die Sache irgendetwas angehen könnte, angefangen bei Papst und Kaiser, über diverse Könige, bis hin zu etlichen deutschen Fürsten. 27 an der Zahl. Und alle, alle kamen, bis auf ein paar Miesmacher, wie etliche westfälische Hansestädte, denen an einem Seekrieg wenig lag. Aber auch Hamburg und Bremen, die zwar Geld für das Unternehmen herausrückten, aber sich im übrigen nicht die Nase blutig hauen lassen wollten, blieben dem Treffen fern.

Apropos Geld: So ein Krieg ist natürlich nicht mit kleiner Münze zu bewerkstelligen, und so hatte die Kölner Konföderation beschlossen, auf alle Waren und Schiffe, die in einen Hansehafen kamen, einen „Pfundzoll" zu erheben. Da kam hübsch was zusammen, und der Krieg konnte losgehen. Nicht jedoch, ohne Waldemar noch einmal klipp und klar zu sagen, was Sache war.

Der aber spielte weiterhin den starken Mann und ließ fröhlich Hansekoggen kapern. Damit zündete er die Lunte zum Pulverfaß, auf dem auch er saß.

Im April 1368 schlug die Hanse mit 37 Schiffen los. Anfang Mai wurde Kopenhagen zerstört, wo Waldemar ein so schönes Schloß besaß. Im Juni waren die Hansen Herren über dem Sund. Und bald darauf hatten sie auch die dänische Provinz im Griff.

Waldemar hatte sich noch schnell auf einen Akquisitions- und PR-Törn quer durch Europa begeben, um Partner für seinen

Krieg zu suchen. Die meisten waren klug genug, sich nicht darauf einzulassen, und der Kaiser Karl IV. prügelte sich gerade mit den Italienern. Waldemar stand auf verlorenem Posten. Im Spätsommer flatterten die hansischen Fahnen über Helsingborg.

Dänemark war fürs erste am Ende, und das bescheinigte ihm der Friede von Stralsund im Mai 1370.

Die Hanse hatte den alten Zustand wiederhergestellt. Und sie hat nie mehr verlangt als dieses. Sogar die ihr zur Friedenssicherung überlassenen Pfänder hat sie fristgerecht zurückgegeben.

Was sie außer dem alten Zustand gewonnen hatte, wog schwerer als alles andere: Das Bewußtsein, nicht nur Handelskriege, sondern auch Waffengänge durch engen Zusammenhalt gewinnen zu können.

Die Hanse durfte sich in dem Gefühl sonnen, eine Weltmacht zu sein!

Von Partnern zu Feinden:
Die Vitalienbrüder

Gefahren von außen waren einstweilen grandios abgewendet. Vielleicht hatte der Städtebund bei aller Wachsamkeit gegen Widersacher, die das Werk von draußen bedrohten, die Gefahren unterschätzt, die im Inneren hochzukochen begannen.

Problem Nummer Eins: Die Bürger in den eigenen Mauern meldeten sich zunehmend lautstark zu Wort. Mitbestimmen wollten sie über die Stadtgeschicke und das nicht mehr dem kaufmännischen Patriziat allein überlassen. Lübeck wurde acht Jahre lang durch solche Verfassungskrisen gelähmt und in seiner Führungsrolle vorübergehend geschwächt.

Erst auf dem Hansetag von 1418, der auch die bereits gültigen Vorschriften des Münzwesens, des See- und Handelsrechts neu faßte und Lübecks Vorrang erneut bestätigte, wurde der Verfassungskonflikt bereinigt.

Problem Nummer Zwei: Inzwischen hatten auch die Landesherren begriffen, daß die als selbständige Gebilde operierenden Hansestädte ihnen zwar einerseits Vorteile verschafften, daß sie andererseits aber auch durchaus Sand im Getriebe ihrer eigenen landesherrlichen Pläne und politischen Absichten sein konnten. Nach und nach begann sich nämlich in Europa herauszukristallisieren, was wir unter einem Staat verstehen: eine handlungsfähige politische Einheit, ein alle Lebensaspekte der seinem „Hoheitsgebiet" zugehörenden Menschen umfassendes Gemeinwesen.

Ein solcher „Staat" konnte dauerhaft keine „staatsübergreifende", seinem Willen nicht direkt unterworfene "Supermacht" wie die Hanse dulden. Allerdings war es ein langwieriger Prozeß, sich ihrer zu entledigen. Auch wenn die Hanse kaum mehr sein wollte als eine Wirtschaftsmacht.

Problem Nummer Drei schließlich, und damit sind wir bei der publikumswirksamsten, als „Thriller" bis in unsere Zeit nachwirkenden Facette des 14. Jahrhunderts: das waren die „Likedeeler", Seeräuber, die dieses Geschäft nicht erfunden, wohl aber es bis zur Perfektion entwickelt hatten, und die vor allem deshalb so nachhaltig in die Geschichte der Seeräuberei eingegangen sind, weil sie zwei der prominentesten ihrer Zunft hervorgebracht haben: Klaus Störtebeker und Godeke Michels.

Nun war Seeräuberei zur Zeit der Hanse keineswegs das Geschäft krimineller Elemente, sondern auch das vermeintlich honoriger Landesherren. Die Sache war ganz einfach: Irgendein Fürst, der einem anderen eins auswischen wollte, stellte einem Kapitän seines Vertrauens einen Kaperbrief aus, der hißte auf seinem Schiff die Piratenflagge und kaperte befehlsgemäß von dem zu Schädigenden alles weg, was er irgendwie auftreiben konnte. So geschehen in einem totalen Kaperkrieg der Mecklenburger gegen Dänemark.

Die Sache hatte nur einen, genaugenommen zwei Haken: Beim Kapern konnte man sich schon mal vergreifen und dem Falschen seine schöne Ladung wegnehmen. Zum Beispiel hansischen Kaufleuten, denen das natürlich sauer aufstieß. Oder, was noch schlimmer war: Wenn die Kaperkapitäne ihre Lehrjahre hinter sich hatten und das Handwerk beherrschten, mochten sie verständlicherweise nicht einsehen, warum sie den größten Teil der Beute bei ihrem fürstlichen Auftraggeber abliefern sollten. Also machten sie sich selbständig und kaperten auf eigene Rechnung. So scheint es bei Störtebeker und Michels gewesen zu sein. Obwohl man's nicht so genau weiß.

Fest steht, daß Störtebeker und seine Gesellen ihr Unwesen zuerst in der Ostsee getrieben hatten, bis es ihnen – weil der Deutsche Orden konsequent gegen sie vorging – zu brenzlig wurde und sie sich zur Nordsee hin absetzten. Fest steht auch, daß sie den Friesenhäuptlingen rund um Marienhafe hochwillkommen waren, und daß wohl auch die Grafen von Oldenburg in dieser Angelegenheit nicht ganz sauber waren.

Manches spricht dafür, daß es sich bei Klaus Störtebeker um einen Adligen aus der Gegend von Wismar gehandelt hat, der hochverschuldet, oder gekränkt, oder geldgierig, oder einfach nur abenteuerlustig war und deshalb zu einer Art Raubritter zur See geworden ist.

Und einiges spricht für die gelegentlich geäußerte Annahme, daß die Stadt Hamburg und einige ihrer Würdenträger, die Störtebeker und seine Mit-Räuber in einem kurzen Prozeß verurteilt und anschließend auf dem Grasbrook hingerichtet haben, aus guten Gründen an einem schnellen Ende der Schmuddelaffäre und ihrer Drahtzieher interessiert gewesen seien.

Auch die Zusammensetzung des Gerichts – enge Geschäftsbeziehungen zwischen Kläger und Richter – ist beanstandet worden; und natürlich hat die Tatsache, daß geraubte Waren verkauft werden mußten, was die Likedeeler ja wohl kaum selbst getan haben werden, zu mancherlei unbeantworteten Fragen geführt. Ebenso wie die Tatsache, daß die Hamburger Klaus Störtebeker nicht nur einen schnellen, sondern auch einen nichtöffentlichen Prozeß gemacht haben. Sollte Klaus Störtebeker am Ende gar nicht der verkommene, blutgierige, rauflustige und blutrünstige Bösewicht gewesen sein, als den ihn uns unsere Schulbücher immer so bildhaft vorgeführt haben? Sollte er Mitwisser, Handlanger und Werkzeug einer korrupten Patrizierclique zunächst in Wismar, dann in Lübeck und schließlich in Hamburg gewesen sein, Lieferant für Hehlerware, die von den im Rat der Stadt sitzenden schwarzen Schafen aus der Zunft der ehrbaren Kaufleute gern genommen wurde? Klaus Störtebeker als Opfer korrupter Politiker, wenn der Pleonasmus gestattet ist?

Das wäre ein denn doch zu plausibler und lebensnaher Stoff, zu naheliegend und uns Nachgeborenen zu alltäglich, als daß sich daraus spannende Abenteuergeschichten stricken ließen. Oder doch?

Jedenfalls haben wir uns damit schon weit auf das Glatteis der Spekulationen gewagt. Und weil sich die viel schöner vermitteln lassen als die lautere Wahrheit, die wir ohnehin nicht kennen, gehen wir gleich in die Vollen und genießen, was phantasiereiche Legenden-Erfinder aus Klaus Störtebeker gemacht haben.

Störtebeker sprook:
„Alltohand!
De Westsee is uns
wohlbekannt!"

*D*ie Wahrheit über Klaus Störtebeker wird sein: Er war bei weitem nicht ein so anständiger Kerl, wie ihn uns allzu nachsichtige Historiker zeichnen. Die Wahrheit ist aber auch: Er war sicher nicht der Erzbösewicht, als den ihn viele seiner Zeitgenossen gern sehen wollten.

Gehen wir also nicht auf das Parkett vermeintlich gesicherter historischer Tatsachen, sondern tauchen wir ein in die unverfängliche, aber äußerst schmackhafte Suppe der Legenden. Und die haben sich um das Leben Klaus Störtebekers reichlicher, schneller und nachhaltiger zusammengebraut als um jeden anderen, der im 14. Jahrhundert um die Vorherrschaft auf der Nord- und Ostsee mitgemischt hat.

Er soll seinem Namen alle Ehre gemacht haben, der Klaus Störtebeker. Oder besser umgekehrt: er hat die Ehre zu seinem Namen gemacht. Denn daß Trinkfestigkeit unter Seeräubern allemal als Tugend galt, kann man sich gut vorstellen. Und daß er unter dem anerkennenden Jubel seiner Kumpane so manch einen Becher gestürzt hat, der Störtebeker, das ist glaubhaft überliefert.
Was er sich allerdings in den nimmersatten Seeräuberschlund gekippt hat, darüber geben uns die Chronisten keine zuverlässige Auskunft. Aber man darf wohl unterstellen, daß er in Ermangelung edlerer Tropfen auch schon mal zum Hamburger Bier griff. Zumal es für ihn ja Freibier war, weil es als wichtiges Exportgut auf fast allen Schiffen seiner Zeit mitgeführt

wurde und sich deshalb auf Kaperfahrten leicht beschaffen ließ.

Die Hamburger jedenfalls haben dem gefürchteten „Likedeeler" - wenn es denn kein raffiniert versteckter Werbespruch für ihr Bier war - den plattdeutschen Vers in den Seeräubermund gelegt:

> *„Störtebeker sprook: Alltohand!*
> *De Westsee is uns wohlbekannt,*
> *dohen wülln wi nu fahren.*
> *De riken Kooplüüd und Hamborger Beer*
> *de süllt uns de Recknung betahlen."*

Offenbar hielten die Seeräuber allein schon das Hamburger Bier für einen hinreichenden Grund ein Schiff zu überfallen. Die Rechnung allerdings – so haben wir in der Schule gelernt – mußte am Ende doch der Pirat mit seinen Spießgesellen bezahlen. Wenn auch nicht ohne die Chance, sich von der Strafe freizukaufen. Chronisten berichten, noch auf dem Richtplatz habe der Scharfrichter dem Störtebeker pflichtgemäß das Angebot unterbreitet, einen Krug mit vier Liter Bier auf einen Zug zu leeren und auf diese Weise nicht nur seinem Namen erneut alle Ehre zu machen, sondern auch seinen Kopf auf dem Hals zu behalten. Wenn auch angesichts der damaligen Bierqualität nicht ganz schmerzfrei.

Da die Elbhanseaten den Seeräubern auf dem Grasbrook kunstvoll die Köpfe abgeschlagen haben – noch heute kann man den ein wenig nach frischer Ölfarbe riechenden blutverzierten Stein vor einem Speicher im Freihafen bestaunen – muß man wohl annehmen, daß Störtebeker der ihm gestellten Aufgabe nicht gewachsen war. Es sei denn, die Geschichte wäre erfunden.

Schließlich ranken sich um die Helden – auch um die negativen – immer und überall hübsche Legenden.

Zum Beispiel die, nach der sich der Seeräuber als letzten Wunsch am Richtblock ausbedungen hatte, nach getaner Henkersarbeit alle seine Spießgesellen von der Strafe befreien zu dürfen, an denen er noch kopflos vorbeilaufen würde. Und er würde wohl die ganze Riege seiner zur letzten Ehrerbietung angetretenen Mannschaft gerettet haben, hätte ihm nicht der hinterlistige Henker beim elften Mann ein Bein gestellt. Was der arme Klaus Störtebeker ja nicht mehr sehen konnte, weil der Kopf schon im Sack lag.

Auch der große silberne Deckelkrug Störtebekers, könnte eine solche Legende sein, obwohl sich Gotthold Ephraim Lessing als Kronzeuge anbietet, der noch 1770 im Hamburger Gasthaus „Zum Löwen" aus dem Störtebeker-Krug getrunken haben will. Und einem Lessing wird man doch wohl glauben dürfen?

Überhaupt haben das Bier und auch die Utensilien zu seinem Genuß im Zusammenhang mit den Seeräubern eine wichtige Rolle gespielt. Die Stralsunder erwiesen sich dabei als besonders einfallsreich. Als sie auf der Ostsee einen Pulk Vitalienbrüder eingefangen hatten, stopften sie die Seeräuber so weit in große Biertonnen, daß nur noch die Köpfe herausguckten. Dem Scharfrichter erleichterte diese Methode das Maßnehmen: Er brauchte nur noch an den Faßrändern entlangzusäbeln und hatte sein Honorar auf diese Weise schnell verdient.

Rationalisierung war auch
zur Blütezeit der Hanse
eine vielversprechende Perspektive!

Blütezeit mit Fäulnistendenzen

*I*m 15. Jahrhundert begann die Macht der Hanse, die sie als politische Kategorie nie angestrebt hatte, und ihr Ansehen, das sie so nachhaltig in wirtschaftliche Erfolge umzumünzen gewußt hatte, nach und nach zu bröckeln.

Vieles von dem, was sich die Hanse zum Ziel gesetzt hatte, war realisiert worden. Manches davon war ihr in den Schoß gefallen. Was sie jedoch am meisten brauchte, war ein den Handelsgeschäften förderlicher dauerhafte Friede. Den aber haben ihr das fünfzehnte und sechzehnte Jahrhundert versagt. Je mehr von ihr nicht beeinflußbare historische Entwicklungen sie in eine politische Rolle hineinzwangen, desto mehr verstrickte sie sich in unauflösbare Widersprüche.

Im Norden gärte es, nachdem das norwegische Königshaus ausgestorben war. Der Westen erlebte England und Frankreich in einer Dauerfehde. Flandern fiel an Burgund, das die Holländer als handelspolitische Gegenspieler der Hanse stützte. Im Osten suchten Polen und Rußland zu neuen Ordnungen zu finden, die den Deutschen Orden und damit die Ostflanke der Hanse in Bedrängnis brachten. Die Ordensniederlage bei Tannenberg im Jahr 1410 gegen Polen und Litauen leitete den Niedergang ein, der noch Jahrhunderte nachwirken sollte.

So ist in der eigentlichen Blütezeit der Hanse schon der Keim ihres Verfalls gelegt. Im Zenit ihres Erfolgs mit immer noch weitreichenden Privilegien offenbaren sich die Möglichkeiten ihres tiefen Falls. Sich mit ihr anzulegen, konnte dennoch riskant sein. Als Dänemark wieder einen Sundzoll verlangte, zogen die Hansen wieder in den Seekrieg. 1427 verloren sie eine Schlacht. 1428 versuchten sie es noch einmal, ohne Kopenhagen einnehmen zu können, was ihr eigentliches Ziel gewesen war. Im daran anschließenden erbitterten Kaperkrieg brachen neue Gegensätze auf. Die Hansestädte Rostock und Stralsund schlossen 1413 einen Sonderfrieden.

Als Dänemark 1435 noch einmal hansische Privilegien bestätigte, rieben sich nur noch die wendischen und pommerschen Städte die Hände. Aber nicht lange; denn die Zugeständnisse wurden nicht eingehalten. Die preußischen und livländischen Städte blieben von Anfang an zur Zahlung des Sundzolls verdonnert.

So schlidderte die Entwicklung im Ostseeraum, die von Mißtrauen auch der Hansen untereinander geprägt war, in immer neue Krisen hinein.

Inzwischen hatte Graf Christian von Oldenburg den dänischen Königsthron bestiegen und die Hansen lange zappeln lassen, bevor er ihnen ihre Rechte in seinem Reich bestätigte. Und das auch nur, weil er befürchtete, die Städte könnten sich auf die schwedische Seite schlagen.

Der 1451 ausgebrochene schwedisch-dänische Krieg hat die Situation noch komplizierter gemacht: Die Sundfahrt brach zusammen. Zur gleichen Zeit kämpften die preußischen Stände gegen den Orden. Die Dänen wollten Schweden vom Handel abschneiden. Das paßte Danzig nicht. König Christian lehnte sich an den Deutschen Orden, Danzig sah sein Glück bei den Schweden. Die livländischen Städte hielten zum Orden. So wurden ihre Schiffe Opfer Danziger Kaper. Auch die Holländer mischten mit, gegen Danzig und für den Orden. Ein paar Jahre später sah die Sache dann wieder anders aus, weil Christian zum König von Schweden gewählt worden war.

In diesem heillosen Durcheinander, dessen vielfältige Verwicklungen und Interessenüberschneidungen wir nicht in allen Details nachvollziehen wollen, bemühte sich Lübeck als die „Mutter der Hanse" redlich, den Familienfrieden wiederherzustellen. Das gelang jedoch immer nur vorübergehend; denn 1460 setzten die Dänen schon wieder eins drauf: Sie vereinigten das Herzogtum Schleswig und die Grafschaft Holstein kurzerhand mit Dänemark. Die Ritter von Schleswig und Holstein, in deren Wappen sinnfällig ein Schaukelpferd gepaßt hätte, machten das Spielchen bereitwillig mit, obwohl sie ein Vierteljahrhundert lang eine ganz andere Position bezogen hatten.

König Christian spielte sich mit einem umfassenden Freibrief für Lübeck als Gönner der Städte auf, aber hinter ihrem Rücken paktierte er mit allen Mitteln gegen ihre Interessen, vor allem gegen ihre wirtschaftliche Macht. Wie groß das Mißtrauen der Städte gegen ihn war, beweist Lübecks Vorsicht: Als der vorbeireisende Christian den Rat der Stadt zu einem Festgelage einlud, blieben etliche Ratsherren lieber zu Hause, weil sie einen Gewaltstreich des Dänenkönigs fürchteten, und der Rat nicht durch einen solchen Schachzug insgesamt handlungsunfähig sein wollte.

Andererseits war Christian durch die Ansprüche seines rücksichtslosen Bruders Gerd gehandicapt, und ihm blieb gar nichts anderes übrig als Anlehnung bei den wendischen Städten zu suchen. Das bedeutete: Er wollte an ihr Geld. Auf so etwas verstanden sich die Lübecker, und sie waren klug genug, dem unberechenbaren Christian dafür Neustadt an der Ostsee und die Insel Fehmarn als Pfand abzuknöpfen.

Um sich Schweden unter den Nagel zu reißen, brauchte Christian die Unterstützung der Städte. Klar, daß die sich ihr Wohlwollen (und das schöne Geld) mit allerlei Vergünstigungen bezahlen ließen, vor allem mit der Einschränkung des nichthansischen Handels.

Genützt hat das alles den Dänen-Christian so gut wie gar nichts. Auch, daß er Kaiser Friedrich III. zu allerlei überredete, zum Beispiel ihn mit Holstein, Stormarn und Dithmarschen zu belehnen, die Steuern so unverschämt zu erhöhen, daß Waigel Theo daneben wie der Vorsteher eines Mädchenpensionats ausgesehen hätte, und obendrein den wendischen Hansestädten die Schwedenfahrt zu verbieten, brachte ihm keinen Vorteil gegenüber der Hanse. Die hatte nämlich 1473 im Frieden von Utrecht ihren Status im Westen sichern können. Das letzte Mal übrigens, daß dies überzeugend gelungen war!

Die Hanse
auf dem Rückzug

*J*enseits des Kanals schickte sich England an, die Welt zu beherrschen. Im Frieden zwar mit der Hanse, aber als deren Konkurrent auf den Handelswegen und somit doch wieder konfliktträchtig. Außerdem: Was war die Welt? Zumindest war sie nicht mehr das recht überschaubare Gebilde, dessen nördlichen Teil die Hanse 400 Jahre zuvor zu erobern begonnen hatte. Diese Welt war nicht nur in einem strukturellen Wandel von großer Tragweite begriffen – Stichwort: Staatenbildung in unserem heutigen Sinne und wachsendes Bürgerbewußtsein – sie war auch auf dem Weg, in neue Dimensionen hineinzuwachsen.

Spanien und Portugal ante portas! Spätere Historikergenerationen sprachen vom „Zeitalter der Entdeckungen".

Für die Hanse brach eine Zeit an, in der die Handelsströme immer noch gewinnbringend flossen, in der sich aber für den Städtebund nicht mehr die Perspektiven einer Weiterentwicklung oder gar einer geographischen Expansion boten.

„Überall war auf dem Feld, das der hansische Kaufmann zu bestellen angefangen hatte", formuliert Karl Pagel sehr griffig, „ein reges wirtschaftliches Leben in Gang gekommen, und überall zeigten sich Kräfte, die des deutschen Lehrmeisters nicht mehr bedurften oder ihn doch nicht mehr dulden wollten."

Kaufmännische Intelligenz als Exportartikel hatte seine Zugkraft verloren. Die Lehrlinge schickten sich an, selbst Meister zu werden. Der deutsche Kaufmann war in den einstigen Kolonialisationsgebieten entbehrlich geworden.

Erstaunlicherweise vollzog sich in dieser Zeit eine kulturelle Entfaltung, wie sie in ihrer Intensität niemals vorher aufgetreten war. Wenn wir heute die Hansestadt Lübeck trotz der furchtbaren Zerstörungen in den Bombennächten von 1942 unter den Schutz des Weltkulturerbes stellen können, dann sind das trotz der Verluste immer noch großartige Zeugnisse dieses künstlerischen Aufbruchs, der in der Baugeschichte durch die Vokabel Backsteingotik gekennzeichnet ist. Die Städte des gesamten Ostseeraums haben diesen künstlerisch-architektonischen Aufschwung in enger Anlehnung an ihre „Mutter der Hanse" mitvollzogen und mitgetragen.

In ihren Abwehrmaßnahmen gegen Konkurrenzangriffe zeigten die Städte des Bundes kein so geschlossenes Bild. Da war im oberdeutschen Augsburg eine einzige Familie zu einer immensen Wirtschaftsmacht herangereift, hatte gegen Ende des 15. Jahrhunderts und kurz danach munter zwischen Antwerpen und Danzig, sogar in Lübeck, ihre Niederlassungen eröffnet. Und die Hansen waren sich nicht einig, was sie dagegen machen sollten. Und ob sie überhaupt wollten! Hamburg und Danzig jedenfalls wollten nicht und ließen einen halbherzig beschlossenen Handelsboykott gegen die Fuggers ins Leere laufen.

Auch im Westen schmolz das beruhigende Privilegienpolster dahin. Nachdem Flandern unter burgundische Herrschaft geraten war, mußten die Hansen dort zunehmende Konkurrenz und Einschränkungen hinnehmen. Die deutschen Kaufleute kamen ihrer Stapelpflicht in Brügge nicht mehr nach. Dabei war die Stapelpflicht in Brügge ein wichtiges Fundament des hansischen Handelssystems gewesen. Aber je mehr Brügge seine Attraktivität als einmal bedeutendstes europäisches Handelszentrum verlor, desto mehr neigten die Kaufleute dazu, Brügge zu umgehen und ihre Waren direkt in Utrecht, Antwerpen oder Amsterdam zu verkaufen. Dies bedeutete eine Zersplitterung des Handels, und das war das letzte, was der Hanse schmecken konnte. Sie bäumte sich auf den Hansetagen 1447 und 1470 noch ein paarmal auf, aber am Ende waren nicht einmal mehr saftige Strafen gegen die Verletzung des Stapels wirksam.

Der Hafen von Brügge versandete, und die einst so großartige Hansestadt verlor ihren Glanz und ihren Einfluß.

Im Osten hatte Zar Iwan III. die Hansekaufleute, deren Privilegien ihm gegen den Strich gingen, kurzerhand gefangengenommen und den Peterhof, das Hansekontor in Nowgorod, 1494 schließen lassen. Ein halbes Jahrhundert später war die Anlage verfallen.

Zunehmend fielen Städte der „Verhansung" zum Opfer, das heißt sie wurden von allen Privilegien ausgeschlossen. Der Hansetag von 1518 setzte gleich 31 vor die Tür, weil sie gegen hansische Grundsätze verstoßen hatten, etwa gegen die Geheimhaltung von Hansetagsbeschlüssen oder gegen den Verzicht auf die Inanspruchnahme von Vorrechten. Oder, weil sie gar nicht erst zum Rapport auf dem Hansetag erschienen waren. Oft jedenfalls war es im Versammlungssaal so leer wie heute im Deutschen Bundestag, wenn ein Grüner eine Grundsatzrede hält oder Gregor Gysi über Menschenrechte redet.

200 Jahre zuvor hätte die „Verhansung" für die Betroffenen den sicheren wirtschaftlichen Ruin bedeutet. Jetzt hatte man für solche Strafaktionen nur noch ein mildes Lächeln.

Auch Hamburg - die auf ihren Hanseatenstatus so stolzen Bürger müssen dies leider zur Kenntnis nehmen – hat die „Verhansung" gedroht, weil die Stadt den englischen Merchant Adventurers entgegen der strengen Hanse-Prinzipien weitgehende Rechte in der Stadt eingeräumt hatte.

Die durch Luthers Thesen ausgelöste Reformation nahm - wie zuvor die Verfassungskämpfe – erneut Energien in Anspruch, die man dringend für die Regelung der inneren Angelegenheiten gebraucht hätte.

Der Glaubensriß ging quer durch das, was von der Hanse noch existierte. Ein langwieriger Prozeß des Zögerns und Zagens wurde in Gang gesetzt; denn natürlich ging auch diesmal Religion nach Geld. Jeder schielte auf die Vor- und Nachteile, die ihm die Entscheidung für die eine oder andere Seite bringen würde, und auch der Hamburger Rat ließ sein religionspoliti-

sches Mäntelchen erstmal unschlüssig im Wind hin- und her-
flattern, bis er sich 1529 auf die Seite der Mehrheit schlug.

Lübeck glaubte, einen letzten Hoffnungsschimmer am Hori-
zont zu sehen, als es 1533 Jürgen Wullenweber zum Bürgermeister wählte. Ihm schwebte vor, seiner Stadt noch einmal zu
einer Führungsrolle in einem protestantischen Städtebund zu
verhelfen. Aber die Gefühle waren zu verworren, die Stimmun-
gen zu aufgeheizt, Wullenwebers Ehrgeiz wohl zu blind und
seine politischen Tricks zu undurchsichtig. Zwei Jahre nach
seinem Amtsantritt übergab man ihm – unter dem Vorwand,
von den Wiedertäufern beeinflußt gewesen zu sein – dem Henker. Und der leistete ganze Arbeit!

Der „Hanse-Königin"
die Krone
vom Kopf gestoßen

Man kann nicht sagen, daß sich die Hanse, nachdem sich annähernd alle Schicksalsmächte gegen sie verschworen zu haben schienen, selbst aufgegeben hätte. Im Gegenteil. Sie hat immer wieder neue Ansätze zu finden versucht, um das aus dem Ruder gelaufene Schiff noch einmal auf Kurs zu bringen. Trotz des Ausschlusses etlicher Mitglieder scheint unter den übriggebliebenen immer noch ein in vielen Situationen tragfähiges Gemeinschaftsbewußtsein vorhanden gewesen zu sein. In den Jahren von 1553 bis 1567 hat Lübeck 14 Hansetage einberufen, während zuvor manchmal zehn Jahre vergangen waren, ohne daß auch nur eine einzige Tagfahrt stattgefunden hatte. Das ist sicher ein deutlicher Hinweis darauf, daß der Bund bemüht war, klärungsbedürftige Angelegenheiten zu regeln und das Bündnis aus manch einer Schieflage herauszumanövrieren.

Eine der gravierendsten Schieflagen – das war schon immer eigentlich, aber verstärkt um die Mitte des 16. Jahrhunderts – die der Finanzen. So wurde noch 1554 ein neuer Finanzierungsmodus eingeführt. Hatte es bis dahin nur außerordentliche zweckgebundene Abgaben gegeben, die nach einem bestimmten Schlüssel erhoben wurden, so entschied man sich jetzt für einen festen Jahresbeitrag zugunsten einer Bundeskasse. Das war gut gedacht, aber es funktionierte nicht. Außer Lübeck, Hamburg und wenigen anderen drückten sich die Partner um die Zahlung. Das Defizit war vorprogrammiert.

Auch das Amt eines Hanse-Syndikus, der als ständiger Geschäftsführer zwischen den Hansetagen fungieren sollte, war neu und in einem Bund, der bis dahin keinen eigenen

Beamtenstab gehabt hatte, etwas geradezu Sensationelles. Mit dem ersten Syndikus Heinrich Sudermann aus Lübeck hatte man sogar einen guten Griff getan. Er bliebt dreieinhalb Jahrzehnte und wirkte wohl so überzeugend, daß alle Bewerber um die Nachfolge verblassen mußten und das Amt deshalb über lange Zeit unbesetzt blieb.

Schließlich war auch der Versuch, nach dem Niedergang Brügges in Antwerpen ein neues Hansekontor mit einem beeindruckenden Kontorhaus aufzubauen von nur vorübergehendem und mäßigem Erfolg gekrönt. Die holländischen Kaufleute waren selbstbewußt geworden und in manch eine hansische Domäne eingedrungen, und der Unabhängigkeitskrieg der Niederlande bedeutete zudem das Aus für Antwerpen. Als die letzten Hansekaufleute 1585 abzogen, hinterließen sie nichts als einen Schuldenberg, für den die „Firma" aufkommen und bei ihren Mitgliedern gewaltige Kontributionen eintreiben mußte.

Schließlich war 1588 zu allem Unglück für die Hanse noch Christian IV. auf den dänischen Thron gekommen, und der piesackte die hansischen Kaufleute nicht nur aus politischem Kalkül, sondern obendrein aus tiefster Überzeugung. Was soll man von einem Menschen erwarten, der einen verachtet? Christian IV. nahm den „Krämern" und „Krauthökern" die letzten Privilegien, die sie in seinem Reich noch hatten. Tiefschlag und Affront zugleich!

Auch in England stand das hansische Handelsbarometer auf lustlos. Nachdem der Bund schon 1567 nicht mehr die Kraft aufgebracht hatte, Hamburg wegen seines Alleingangs in Sachen „Merchant Adventurers" zu bestrafen und daraufhin andere nachzogen, zeigte die Hanse dort noch ein letztes Mal ihre schlaffgewordenen Muskeln. Aber auch nur, um sich bestätigen zu lassen, daß der Muskelschwund schon weit fortgeschritten war!

Nachdem Francis Drake für seine Königin Elisabeth I. auf Kaperfahrt gegangen war und wahllos an Land gezogen hatte, was er bekommen konnte – darunter auch Hanseschiffe – zeigte der Kaiser erstmals Interesse an den Angelegenheiten im Norden seines Reichs und schloß die Engländer vom Deutschlandhandel aus. Dabei überhob sich der gute Mann allerdings, und so ging das ganze leider schief; denn im Gegenzug machte Elisabeth im Jahr darauf, 1598 nämlich, den ihre Untertanen ohnehin nervenden Hanse-Laden im Londoner Stalhof dicht. Die deutschen Kaufleute warf sie raus, und die im Stalhof lagernden Waren riß sie sich unter den Nagel. Zwei Fliegen mit einer königlichen Klappe! Das ist die Art von Geschäften, die Majestäten lieben. Zwar hat man es dann zu Beginn des 17. Jahrhunderts noch einmal miteinander versucht. Aber richtig Schwung ist in die Sache nicht mehr gekommen. Die einst so gut und mit beiderseitigem Lust- und überhaupt Gewinn geführte Ehe war hoffnungslos zerrüttet.

Zerrüttet war eigentlich alles, was den Stempel der Hanse trug! Vor allem das Familienleben. Die Wirtschaftsinteressen der Städte waren längst nicht mehr unter einen Hut zu bringen. Mit den Erfolgen der Fremden wuchs – anders als das früher einmal gewesen war – die Uneinigkeit des Bundes, der nur noch formal ein Bund war. Die Hanse sei, so soll der Schwedenkönig Gustav Adolf gespottet haben, nicht mehr zu fürchten, sondern nur noch zu bemitleiden. Als er das sagte, hatten Schweden und Dänemark schon die Vorherrschaft der deutschen Kaufleute abgeschüttelt. Polen-Litauen hatten die Hand auf Preußen, in Livland regierte Schweden. Riga, Reval und Dorpat hatten Nowgorod aus dem Rennen geworfen, bis auch sie selbst sich an fremde Herren gewöhnen mußten: Die Schweden, die Polen und – am schlimmsten für alle – die Russen unter Iwan dem Schrecklichen übernahmen das Kommando im Osten.

Düstere Zeiten für die Hanse. Oder doch noch nicht ganz? Die Handelsstatistik mußte den Hanseaten das Herz hüpfen lassen: sie zeigte steil nach oben. Nie waren die Umsätze der Hansekaufleute so groß, nie die Beschäftigung ihrer am Ende des

16. Jahrhunderts auf insgesamt rund eintausend Schiffe geschätzten Flotte so intensiv wie in diesen Jahren des hanseatischen Schwanengesangs.

Nur: die absoluten Zuwächse taugen als Indikator nur für die halbe Wahrheit. Natürlich boomte das Geschäft. Das aber verdankte es einem allgemeinen europaweiten konjunkturellen Aufschwung. Entscheidend war, daß die Konkurrenten der Hanse weitaus mehr profitierten. Im relativen Vergleich sah es für die Hanseaten eher düster aus. Sie mußten die bittere Erkenntnis schlucken, daß andere sie rasant überflügelt hatten. Zeitweilig passierten in der zweiten Hälfte des 16. Jahr-

hunderts doppelt so viele holländische Schiffe den Sund wie hanseatische. Das mußte Narben in den Seelen der Hansen hinterlassen.

Wenn auch nicht in allen! Diejenigen, die sich frühzeitig auf die ins Geschäft drängenden Ausländer eingestellt, sich mit ihnen arrangiert und ihnen akzeptable Geschäftsbedingungen geboten hatten, waren die lachenden Dritten. Hamburg und Danzig waren die Prominentesten unter den Hansestädten, die eine solche offene Politik betrieben hatten. Eine solche Politik bedeutete allerdings eine grundlegende Abkehr von den Hanse-Prinzipien der herkömmlichen Art. Darauf reagierte Lübeck ausgesprochen sauer. Es versteifte sich auf die Rolle, die es fast 400 Jahre lang erfolgreich gespielt hatte: Hüterin der reinen Lehre zu sein. Stolz und traditionsbewußt bissen sich die Lübecker Ratsherren an diesem letzten Knochen fest, den ihnen die Geschichte gelassen hatte. Der Bund teilte sich in die Hanse-Heiligen und die Hanse-Sünder. Und die Lübecker kapierten nicht, daß in dieser Welt die Heiligen nur eine große Vergangenheit hatten, die Sünder hingegen eine große Zukunft.

Hamburg hatte – nicht zuletzt durch die entdeckungsbedingte Verlagerung der Seeverkehre nach Westen – Lübeck schon die Krone der Hansekönigin vom Kopf gestoßen. Da aber Königinnen manchmal etwas schwer von Begriff sind, wollte die das noch nicht so recht wahrhaben. Störrisch hielt sie an den alten, schon längst nicht mehr greifenden Prinzipien hansischer Politik fest. Lübeck habe, so der Historiker Uwe Ziegler, seine frühere Expansionskraft hinter Traditionsbewußtsein versteckt. Das Stapelrecht wurde 1607 noch einmal aus der Asservatenkammer des hansischen Waffenarsenals gezerrt. Das betraf vor allem den Transitverkehr über die holsteinische Landzunge, und damit Hamburg. Was die Lübecker allerdings nicht sahen oder aber nicht wahrhaben wollten: Hamburg war längst nicht mehr ihr „Vorhafen zur Nordsee", sondern sie waren – und sind bis heute – Hamburgs Tor zur Ostsee.

Eine Lebensform
verkümmert zum
Lebensgefühl

Als 1618 der Dreißigjährige Krieg ausbrach, ausgelöst zwar durch religiöse Gegensätze, in Wahrheit wohl aber der Versuch der Kriegsparteien, sich bei der Neuordnung des europäischen Kuchens ein möglichst großes Stück auf den eigenen Teller zu schaufeln, wurde das Schicksal der Hanse, die selbst nie über ein eigenes Siegel verfügt hatte, endgültig besiegelt.

Am Ende des Krieges hatten nur die Reichsstädte – zu denen im Norden Hamburg, Lübeck und Bremen gehörten – ihre Selbständigkeit gerettet. Alle anderen hatten sich dem Willen ihrer Territorialherren zu fügen.

Während der Krieg tobte und die Fronten hin- und herwogten, hatte es eine Reihe von Wiederbelebungsversuchen der Hanse-Idee gegeben, in der nur noch ein bescheidenes Fünkchen ihres einstigen Feuers glühte. Kaiser Ferdinand II. gar, dessen Heere bis an die Ostseeküste vorgedrungen waren, hatte einen Annäherungsversuch riskiert, ohne daß daraus etwas geworden wäre.

1630 hatte sich in Hamburg, Bremen und Lübeck die Erkenntnis durchgesetzt, daß es in den Territorien hansische Städte alten Stils nicht mehr geben würde. Die drei schlossen sich zu einem Bund zusammen, um das geschrumpfte Erbe zu verwalten. Sie handelten damit im Auftrag eines nur noch spärlich besuchten Hansetages, der sie aufgefordert hatte, die Interessen der Gesamthanse wahrzunehmen.

Als der Krieg 1648 zu Ende war, stand es um die Gesamthanse schlechter denn je. Zwischen 1651 und 1669 sind mehrere Hansetage einberufen worden, die gar nicht erst zustande kamen, oder die nur schwach besucht wurden. Der Versuch, den Wiederaufbau des Londoner Stalhofs zu betreiben, erwies sich als nicht realisierbar. 1669 fand der letzte Hansetag statt, auf dem praktisch nichts mehr entschieden wurde. Er setzte nicht einen kraftvollen Schlußpunkt unter ein einst großartiges Phänomen europäischer Handelsgeschichte, allenfalls einen langen Gedankenstrich, eher noch ein Fragezeichen.

Was sich von da an eine Zeitlang noch als Hüter letzter kümmerlicher Auslandsprivilegien halten konnte und als Träger

hansischer Tradition bis in unsere Zeit nachwirkt, war der 1630 geschlossene Dreierbund, die Achse Bremen – Hamburg – Lübeck.

Eine Lebensform war zu einem Lebensgefühl verkümmert.

Aber für die Imagewerbung der drei Städte gibt das allemal noch einiges her. Hanse ist in! Zumindest in den Büros der städtischen Werbetrommler.

Die Hansetage der Neuzeit dagegen, von einigen Bürgermeistern, Wirtschaftssenatoren und -ministern in den achtziger Jahren unseres Jahrhunderts als spektakuläres Bekenntnis zu gemeinsamer Problembewältigung aus dem Hut gezaubert, erwiesen sich als kostspielige Schnapsidee und als spesenverzehrender Flop.

Daß es den Initiatoren nicht erging wie einst den hansischen Verlierern Johann Wittenborg oder Jürgen Wullenweber kennzeichnet die ungeheure Grausamkeit demokratischer Systeme: Während man die Nieten im Mittelalter köpfte, aufs Rad flocht und vierteilte, um ihnen auf diese höchst wirkungsvolle Weise ein schnelles Vergessen ihrer Mißerfolge zu ermöglichen, setzen wir heutzutage unsere unfähigen Politiker der quälenden Schande aus, eine widerlich fette Pension ans Bein gebunden zu bekommen und bis ans Lebensende über ihre Unfähigkeit nachdenken zu müssen.

O tempora! O mores!

Zeittafel
zur Hansegeschichte

*D*ie Jahresangaben beruhen im wesentlichen auf den Forschungen von Philippe Dollinger.

11. Jahrhundert: Die Kriegszüge der Wikinger finden ihr Ende. Der skandinavische Handel konzentriert sich auf Nowgorod, das einen unvergleichlichen Aufschwung erlebt.

Mitte 11. Jahrhundert: Hedeby (Haithabu) wird von den Wenden zerstört. Schleswig wird das wichtigste Warenumschlagzentrum der Region und gilt als Vorläufer Lübecks.
Der gesamte Ostseehandel wird von den Gotländern kontrolliert. Auf Gotland sind bäuerliches Leben und Seehandel enger miteinander verknüpft als anderswo. Es gibt noch kein städtisches Zentrum. Visby ist einer von mehreren dörflichen Handelsplätzen. Die Handelsreisen der Gotländer führen bis nach England.

Um 1100: Das Soester Stadtrecht entsteht als das älteste Westfalens. Es wird später mit einigen Veränderungen von Lübeck übernommen und breitet sich von dort über weite Teile des Ostseeraums bis nach Estland aus.

1134: Russische Händler - die sich mit dem Aufschwung Nowgorods zunehmend in den Ostseehandel einschalteten - werden in Dänemark ausgeplündert.

1138: Alt-Lübeck wird zerstört.

1143: Gründung Lübecks durch Graf Adolf II. von Holstein.

1157: Heinrich II. gewährt den Kölner Kaufleuten für ihre Waren und ihre Niederlassung besonderen Schutz. Sie dürfen ihren Wein zu denselben Bedingungen verkaufen wie die französischen Kaufleute.

1159: Neugründung Lübecks durch Heinrich den Löwen als Tor Westeuropas nach Osten. Der Standort ist etwa fünf Kilometer von der zerstörten Ansiedlung Alt-Lübecks entfernt. Lübeck wird zum Ausgangspunkt des deutschen Ostseehandels.

1160: Das Bistum Oldenburg wird nach Lübeck verlegt. Anfänge einer Genossenschaft deutscher Kaufleute, die Gotland besuchen. Entstehung der "Kaufmannshanse".

1161: Heinrich der Löwe versöhnt die im Konflikt lebenden Deutschen und Gotländer und bestätigt den Gotländern die Privilegien, die ihnen Lothar III. in Sachsen verliehen hatte.

1173: Heinrich der Löwe sichert den Schweden Abgabenfreiheit in Lübeck zu.

1175: Richard Löwenherz gewährt den Kölner Kaufleuten freien Handel im englischen Königreich und befreit ihre Niederlassung in London von allen Abgaben.

1188: Kaiser Friedrich Barbarossa bestätigt Lübecks "jura honestissima" (hervorragende Privilegien). Eine Bürgerbehörde übernimmt administrative und wirtschaftliche Aufgaben.
Bürger der Stadt dürfen nur noch vom Stadtrichter abgeurteilt werden, den der Herzog eingesetzt hat.

1188: Adolf II. von Schauenburg, Graf von Holstein, legt in Hamburg als „Konkurrenz" zur bischöflichen Altstadt eine gräfliche Neustadt an. Hier entwickelt sich eine Handwerker- und Händlerstadt.

1189: Deutsche Kaufleute lassen sich in Nowgorod nieder.

1190: Die Deutschen bauen in Visby ihre Marienkirche (bis 1225).

1192: Der Graf von Holstein nutzt die Abwesenheit des Kaisers, um seine Herrschaft über die Stadt wiederherzustellen.
Ende 12. Jahrhundert: Lübeck bringt Lüneburger Salz

nach Schonen und kurbelt damit den Heringsexport an. Entstehung einer Kaufmannsniederlassung in Nowgorod.

1201: Gründung Rigas, das mit dem lübischen Stadtrecht ausgestattet wird.

1202: Bischof Albert gründet den Ritterorden „fratres militiae Christi" (Schwertbrüder) zur Eroberung und Verteidigung der baltischen Länder. Unter dem Schutz des Ordens entstehen neue Kaufmannsniederlassungen, unter anderem Dorpat und Reval.

1205: Fürst Konstantin stattet die deutsche Niederlassung in Nowgorod, den „St. Peterhof", mit Privilegien aus.

1212: Eine von Erzbischof Albert geführte Expedition zwingt den Fürsten von Pollock, den deutschen Kaufleuten ungehinderten Verkehr auf dem Fluß Düna zu gewähren. Riga gewinnt damit an Bedeutung als Stützpunkt für das Vordringen deutscher Kaufleute bis nach Vitebsk und Smolensk.

Ende 12. Jahrhundert: In großer Zahl entstehen Ansiedlungen, die alle Merkmale einer Stadt haben: ein schachbrettartiges Straßennetz, das sich um einen Marktplatz spannt.

1226: Lübeck wird Freie Reichsstadt.

1227: Die Schlacht bei Bornhöved beendet fürs erste die dänische Vorherrschaft in Nordeuropa.

1230: Übereinkunft, nach der der Deutsche Orden das Kulmerland und alle in Preußen zu erobernden Gebiete zum autonomen Besitz erhält.
Lübeck und Hamburg schließen ein Bündnis, eine Art Freundschaftsvertrag.

1233: Hermann von Salza gibt den Städten Thorn und Kulm am rechten Weichselufer eine Rechtsordnung („Kulmer Handfeste"), die für andere preußische Städte maßgeblich wird.

1234: Stralsund wird mit dem Rostocker (Lübecker) Recht ausgestattet.

1236: Der Deutsche Ordensstaat wir um Livland und Estland erweitert.

Die Litauer schlagen die „Schwertbrüder" vernichtend. Der Hochmeister des Deutschen Ordens, Hermann von Salza, greift ein und rettet so das Besiedlungswerk, das zugleich auch immer eine Bekehrung zum Christentum bedeutet.

1237: Gründung Elbings an der östlichen Weichselmündung.

1238: Eine deutsche Ansiedlung in der Nähe einer Burg wird zur Stadt erhoben. Hier entwickelt sich Danzig.

1241: Lübeck und Hamburg beschließen, die Wegelagerei auf den Straßen zwischen beiden Städten gemeinsam zu bekämpfen.

1246: In Westfalen und Niedersachsen formieren sich Städtebünde.

1249: Spannungen zwischen Lübeck und Rostock. Die Lübecker Flotte zerstört Stralsund.

1250: Die Genossenschaft der Gotlandfahrer verliert nach und nach an Gewicht. Hatten sie im „Regionalhandel" Großes geleistet, so erwiesen sie sich der Expansion nach Westen kaum gewachsen.

1251: Um diese Zeit wird Stockholm gegründet. Die Deutschen haben daran einen wesentlichen Anteil.

Bergleute aus dem Harz siedeln sich in Mittelschweden an, um die Kupferminen auszubeuten.

1252: Gräfin Margarete von Flandern billigt die Gründung einer privilegierten deutschen Kaufmannssiedlung in der Nähe von Damme („Neudamme"). Als sich Widerstand im eigenen Land regt, gibt sie den Plan auf.

Aber sie gewährt den Deutschen Privilegien mit niedrigen Zöllen in Brügge und Damme. Der Hansehandel in Flandern erlebt einen ersten Aufschwung.

1256: Wismar vermittelt die Aussöhnung zwischen Lübeck und Rostock. Drei Jahre später beschließen Lübeck, Wismar und Rostock den gemeinsamen Kampf gegen die Seeräuberei.

Die wendischen Städte
schließen sich zusammen.

1259: Lübeck und Hamburg verein-
heitlichen ihre Währungen und
legen für ihren Pfennig den gleichen Feingehalt fest.

1265: Die wendischen Städte (zu
denen auch Hamburg und
Lüneburg gerechnet werden),
erneuern ihren Bund, der fortan als gefestigt gilt. Sie ope-
rieren unabhängig von den sächsischen und westfälischen
Städtebünden, strebten aber nach und nach mit ihnen Ver-
einbarungen über gemeinsame Probleme an.

1266/67: Eine englische Königsurkunde bezeichnet den
Zusammenschluß norddeutscher Kaufleute erstmals als
Hansen.

1270: In Hamburg - bald darauf auch in anderen Hansestädten - gibt es ein Schuldbuch, in das alle kaufmännischen
Kreditgeschäfte und Verträge eingetragen und von der Stadt
garantiert werden.

1277: Die Russen und Litauer greifen Livland an. Die deutschen Kaufleute verhängen daraufhin eine Sperre über die
Nowgorod-Fahrt. Wer gegen diese Sperre verstößt, wird mit
dem Tod und dem Einzug seiner Waren bestraft.

1280: Stillegung des Handels in Brügge, weil die Brügger im
zunehmenden Maße die Privilegien der Ausländer verlet-
zen. Die Aktion hat zunächst nicht den von der Hanse
gewünschten Erfolg. Knapp dreißig Jahre später kehren die
Deutschen nach Brügge zurück.

1281: Kölner, Hamburger und Lüneburger Kaufmannsgrup-
pen schließen sich in London zu einem gemeinsamen Hansekontor zusammen.

1284: Kraftprobe mit Norwegen. Der norwegische König versucht die Privilegien der Hansekaufleute zu beschneiden. Die wendischen Städte beschließen eine Blockade.

Weil kein Getreide mehr nach Norwegen kommt, entsteht eine Hungersnot. Die Norweger lenken unter Vermittlung Schwedens ein.

1292: In Hamburg wird das älteste Seerecht veröffentlicht, das auch die Regeln für das Frachtwesen regelt. Andere Hansestädte übernehmen es. (Lübeck 1299).

1294: Norwegen erlaubt der Hanse, in allen norwegischen Häfen bis Bergen Handel zu treiben und im Landesinnern Niederlassungen mit völliger Handelsfreiheit einzurichten.

1298: Das Ende des gotländischen Einflusses signalisiert ein von Lübeck herbeigeführter Beschluß, nach dem Gotland kein Siegel der gemeinen Kaufleute mehr führen darf.

13. Jahrhundert: Kaufleute aus dem Osten (Lübeck, Visby und andere Ostseestädte), die sogenannten „Osterlinge", schalten sich in den Nordseehandel ein. Da der direkte Weg um das gefährliche Skagerak führt, bringen sie ihre Waren von Lübeck auf dem Landweg nach Hamburg und von dort mit Schiffen nach England und Flandern.

Die Kölner wehren sich gegen die Konkurrenz aus dem Osten. Friedrich II. greift ein und sichert den Lübecker Kaufleuten gleiche Rechte wie den Kölnern.

Seit 1282 gibt es in London nur noch eine einzige „deutsche Hanse".

Mitte 13. Jahrhundert: Anstelle der Gotländischen Genossenschaft übernehmen die Städte zunehmend den Schutz der deutschen Kaufleute im Ausland. Die Städte gewinnen - auch durch die Ohnmacht der kaiserlichen Gewalt - an Gewicht. Die „Städte-Hanse" formiert sich.

1307: Lübeck muß den Dänenkönig Erik VI. als Schutzvogt anerkennen. Hintergrund ist der Versuch der Fürsten, ihre Gewalt über die immer stärker werdenden Städte zurückzugewinnen. Als die anderen wendischen Städte ein Verteidigungsbündnis gegen Dänemark schließen, weigert sich

Lübeck beizutreten und verliert dadurch an Ansehen. Die Zukunft der Hanse scheint gefährdet.

Der Tod des dänischen Königs kommt der Hanse zugute, weil die Fürsten jetzt ihre Begehrlichkeiten auf das in Anarchie verfallende Dänemark richten.

1332: Der Zustrom deutscher Kaufleute und Handwerker nach Dänemark provoziert den Widerstand der Einheimischen. In Schonen kommt es zu Übergriffen. Hunderte der Deutschen werden getötet.

1338: Die Städte schließen einen Friedensbund mit 13 norddeutschen Fürsten.

Flandern bestätigt der Hanse alle zuvor erteilten Privilegien, die zwei Jahrhunderte lang gültig bleiben.

1340: Waldemar Atterdag kommt - unterstützt von Lübeck - auf den dänischen Thron. Er sichert durch den Verkauf von Randgebieten die Königsmacht im Stammland.

1345: Eine königliche Verordnung schreibt vor, daß die Räte schwedischer Städte je zur Hälfte aus Schweden und Deutschen gebildet werden müssen.

1346: Waldemar Atterdag verkauft Estland an den Deutschen Orden.

1347: Edward III. verlangt eine erhöhte Abgabe auf die Ausfuhr englischer Tuche. Die Hansen weigern sich zu zahlen und berufen sich auf ihrer Privilegien. Der König muß nachgeben. In den Statuten des Brügger Kontors ist erstmals die Einteilung in „Drittel" bezeugt: Je nach ihrer Herkunft schließen sich die Kaufleute zum lübisch-sächsischen, zum westfälisch-preußischen und zum gotländisch-livländischen Drittel zusammen.

1351: Weil die Hanse einen englischen Seeräuber verurteilt, läßt Edward III. die Waren der Hansekaufleute in seinem Land vorübergehend konfiszieren.

1356: Lübeck beruft den ersten allgemeinen Hansetag ein, Hauptthema ist die Beseitigung des Mißtrauens gegen das Kontor in Brügge, das ohne Mandat Verhandlungen mit Flandern geführt hatte. Künftig übt Lübeck eine strenge Kontrolle; nicht nur über Brügge, sondern auch über die übrigen drei großen Kontore.

Der Hansetag wird zum leitenden Organ der Gemeinschaft. Die Städtehanse entsteht.

Als Brügge erneut die Privilegien der Hanse bedroht, läßt Lübeck die Blockade Flanderns beschließen. Erst 1360 wird wieder Friede geschlossen mit dem Ergebnis, daß die Hanse gestärkt aus dem Handelskrieg hervorgeht.

1361: Waldemar Atterdag erobert Visby. Das bringt ihn in Konflikt mit der Hanse.

1362: Die wendischen Städte entsenden eine Flotte von 52 Schiffen unter dem Befehl des Lübecker Bürgermeisters Johann Wittenborg nach Kopenhagen. Wegen eines taktischen Fehlers des Befehlshabers gelingt es Waldemar, zwölf hansische Schiffe zu erobern. Die Hanse muß um einen Waffenstillstand bitten. Wittenborg bezahlt seine Niederlage mit einem Leben.

Die Solidarität der Hansestädte gerät ins Wanken.

1365: In Lübeck wird zum ersten Mal die Schonenfahrerkompanie erwähnt. Annähernd zeitgleich formieren sich auch die Bergenfahrer und die Nowgorodfahrer, sowie Kaufmannsbruderschaften, die nach Skandinavien, England und in den Mittelmeerraum fahren.

1366: Der Hansetag in Lübeck stärkt die Autorität der Städte. Weil Waldemar den Fehler macht, im Sund auch preußische Schiffe aufzubringen, rücken die wendischen Städte enger zusammen. Der Deutsche Orden strebt in Lübeck ein Kriegsbündnis an.

1367: Ein allgemeiner Hansetag in Köln – der einzige, der jemals in Köln abgehalten wurde – beschließt die „Kölner Konföderation". Sie schreibt bis ins kleinste Detail ausgearbeitet militärische und finanzielle Maßnahmen nicht für die Zeit des Krieges fest und wird 1385 noch einmal verlängert. Unter anderem wird ein „Pfundzoll" auf alle Schiffe und Waren erhoben, die einen Hansehafen anlaufen.

Der Kölner Konföderation, ursprünglich von den wendischen und preußischen Städten beschlossen, um die Kriegsanstrengungen gegen Dänemark zu intensivieren, treten immer mehr Hansestädte bei.

Unruhe herrscht im Osten. In Nowgorod kommt es zu Verletzungen der Privilegien. Teilweise sind dies „Vergeltungsangriffe" wegen des Krieges, den der Deutsche Orden von Livland aus gegen russisches Gebiet führt. Der Deutsche Orden verbietet den Export von Salz und Heringen nach Rußland.

1370: Die Hanse zwingt Waldemar Atterdag den Frieden von Stralsund auf. Der Dänenkönig muß den Hansekaufleuten Privilegien in Schonen und Dänemark zubilligen.

1376: Ein Hansetag beschließt, die Seeräuberei zu bekämpfen. Um die Schiffe zu bewaffnen, wird ein Pfundzoll erhoben. Rostock und Wismar beteiligen sich nicht. Die preußischen Städte scheren später aus, so daß Lübeck und Stralsund allein stehen.

1377/78: Das Hansekontor Brügge beklagt zunehmend Übergriffe der Stadt und mangelnden Schutz der Hansekaufleute. Weil Verhandlungen erfolglos verlaufen, fühlt sich das Kontor im Stich gelassen und beschließt eigenmächtig und heimlich, daß alle deutschen Kaufleute Brügge verlassen sollen. Als der Plan bekannt wird, läßt Graf Ludwig von Flandern die Hansekaufleute einsperren und ihre Waren beschlagnahmen.

1380: Margareta macht sich nach dem Tod des Königs Hakon VI. zur Regentin Norwegens und später Schwedens. Sie verstärkt den Druck auf die mecklenburgischen Häfen. Die laden im großen Stil Abenteurer ein, auf eigene Rechnung und unter dem Schutz der Städte dem Reich Dänemark zu schaden. Es handelt sich um staatlich gedeckte Seeräuberei.

Die Hanse versucht, das zu verhindern. Rostock und Wismar weigern sich, die Seeräuberei zu unterbinden und die gekaperten Waren zurückzugeben.

1384: Wie schon vier Jahre zuvor kommt es in Lübeck zu Unruhen, in denen die Unzufriedenheit der Bürger mit dem Patriziat deutlich wird. Beginn einer tiefgreifenden Verfassungskrise.

Lübecks Schwäche bedroht die Existenz der Gemeinschaft.

1388: Wegen politischer Unruhen und Veränderungen in Flandern verlangt Lübeck eine Verlegung des Brügger Kontors nach Dordrecht. am 1. Mai beginnt eine Handelsblockade Flanderns. Der Deutsche Orden und die preußischen Städte tragen die Blockade nur zum Teil mit.

Wegen der umfangreichen Hanseprivilegien, die einheimische Kaufleute benachteiligen, kommt es zu Konflikten mit England, Flandern und Rußland. Es kommt zu Handelssperren, aber eine kluge Hansepolitik vermeidet einen Krieg.

Übergriffe der Engländer führen zur Beschlagnahme englischer Waren in Stralsund. Erst nach längeren Verhandlungen werden die Beschlagnahmungen aufgehoben und die Hanseprivilegien bestätigt.

1390: Zur Sicherung der Wasserverbindung zwischen Lübeck und Hamburg wird der Stecknitzkanal gebaut. Er dient in erster Linie dem Salztransport; im Konfliktfall mit Dänemark, wenn die Sundfahrt nicht sicher ist, auch dem Transport anderer schwerer Güter wie beispielsweise Wein.

Die „Vitalienbrüder" machen zunächst die Ostsee, später auch die Nordsee unsicher.

1391: Die Mecklenburger erobern Bornholm und Visby und plündern Städte bis nach Bergen hinauf.

1392: Der Hansetag beschließt die Einstellung des Schonenverkehrs auf drei Jahre, weil die Ostsee ihren Schiffen keine Sicherheit mehr bietet. Lübeck und Stralsund setzen den Kampf gegen die Seeräuberei fort.

Der Handelsboykott gegen Flandern endet mit erheblichen Entschädigungszahlungen an die Hansestädte und eine Ausweitung der Hanseprivilegien. die deutschen Kaufleute kehren nach Brügge zurück. Aber die flämischen Städte geloben, sich neuen Ansprüchen der Hanse zu widersetzen. Auch mit Nowgorod wird Frieden geschlossen, die alten beiderseitigen Rechte werden bestätigt. Gleichzeitig bekräftigt die Hanse ihre Oberhoheit über das Hansekontor Peterhof.

1395: Die Hanse zwingt die Kriegsparteien, Frieden zu schließen. Obwohl es damit keinen Grund mehr gibt, den Kaperkrieg weiterzuführen, setzen die Seeräuber ihre Angriffe von Gotland aus„ auf eigene Rechnung" fort. Das veranlaßt den Großmeister einzugreifen. Gemeinsam gelingt es den lübischen und preußischen Flotten, die „Vitalienbrüder" von der Ostsee zu vertreiben. Die Häuptlinge ostfriesischer Stämme nehmen sie mit offenen Armen auf. Fortan spielt sich der Seeräuberkrieg in der Nordsee ab.

Mitte 14. Jahrhundert: Trotz politischer Querelen und Rückschläge durch die Pest von 1349 bis 1351 hat sich die Wirtschaft der Hansestädte konsolidiert.

Viele deutsche Kaufleute erwerben das englische Staatsbürgerrecht, ohne dadurch die Hanseprivilegien zu verlieren.

Die nach England importierten Waren sind Weine (von den Kölnern), Holz und Getreide aus Preußen, Pelze und Wachs aus Rußland (von den Osterlingen).

Im letzten Drittel des Jahrhunderts ist der vorübergehend gelockerte Zusammenhalt der Hanse wieder gefestigt.

Für Unruhe sorgen die „Merchant Adventurers", die „wagenden Kaufleute" aus England, die sich nach und nach in den Hansestädten festsetzten.

1400: Die Seeräuber-Hauptleute Störtebeker und Michels werden bei Helgoland gefangengenommen und nach kurzem Prozeß in Hamburg auf dem Grasbrook hingerichtet.

1405: Der Hansetag verbietet jeden Zusammenschluß zwischen Hansen und Nichthansen.

1408 bis 1416: Handwerkeraufstände gefährden die innere Ordnung Lübecks. Sie enden mit einem Sieg des Patriziats.

1410: Niederlage des Deutschen Ordens bei Tannenberg gegen den polnischen König.

1411: Im Thorner Frieden wird der Orden noch einmal geschont. Aber sein Glanz ist erloschen. Die folgenden Kriege gegen Polen, Litauen, den Adel und die preußischen Städte verwüsten das Land und zerrütten die Finanzen.

1412: Der Hansetag macht wegen der Gefahr des Auflaufens in den Häfen Stimmung gegen Schiffe mit zu großem Tiefgang.

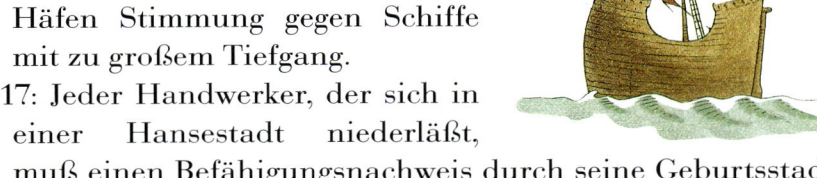

1417: Jeder Handwerker, der sich in einer Hansestadt niederläßt, muß einen Befähigungsnachweis durch seine Geburtsstadt wie auch durch seine Niederlassungsstadt beglaubigen lassen.

Lübeck schließt mit den anderen wendischen Städten (außer Hamburg) einen Bund auf fünf Jahre, um die brüchig gewordene Hanse zu festigen. Die Hansetage dieses und des folgenden Jahres bekommen ein neues Gewicht.

1418: Lübeck wird in Anwesenheit von Vertretern aus 35 Hansestädten offiziell als die Stadt anerkannt, die zusammen mit den anderen wendischen Städten die Interessen der Gemeinschaft wahrnehmen soll.

Der Hansetag legt fest, daß allein Ratsherren befugt seien, ihre Städte zu vertreten.

Derselbe Hansetag verfügt auch, daß Ungehorsam der Schiffsleute schwer zu bestrafen sei. Deserteure sollen im Wiederholungsfall gebrandmarkt werden.

Der wichtigste Punkt des Hansetages ist aber die schriftliche Fixierung eines Statuts, eine Art Verfassung der Hanse, das eine Reihe von Handels- und anderen Rechtsvorschriften umfaßt. Die Hansestädte werden verpflichtet, Aufruhrversuche zu unterbinden. Eine Stadt, die ihren Rat entmachtet, soll aus der Hanse ausgeschlossen werden. In einigen Städten (unter anderem in Stade und Bremen) kommt es daraufhin zum Aufruhr. Die Hanse verfügt deren Ausschluß und die Blockade. Der Konflikt endet mit der Unterwerfung der Städte.

1425: Die wendischen Städte erklären Dänemark den Krieg und sperren den Sund. Der Krieg dauert neun Jahre. Die Holländer profitieren von den Auseinandersetzungen. Sie brechen die Blockade und versorgen Skandinavien mit Lebensmitteln.

1426: Die Hanse spricht ein Verbot aus, Schiffe an Ausländer zu verkaufen. Die (nicht beabsichtigte) Folge ist, daß die Werften in anderen Ländern aufblühen und den hansischen Werften wichtige Kundschaft entziehen.
Krieg gegen Dänemark.

1428: Einführung des Sundzolls.

1438: Hansisch-niederländischer Krieg.

1440: Die preußischen Städte verbinden sich mit dem Adel gegen den Machtmißbrauch des Deutschen Ordens. Sie zwingen den Hochmeister zur Abdankung.

1441: Die wendischen Städte schließen den Frieden von Kopenhagen. Die gegenseitigen Privilegien werden bestätigt.

1442: Die Osterlinge besitzen ein eigenes Haus in Brügge.

1447: In diesem Jahr findet der Hansetag mit der größten Beteiligung statt (39 Abordnungen).

1449: die Engländer bringen im Kanal eine Flotte von über einhundert Schiffen auf, von denen die Hälfte Hanseschiffe sind. Die Städte beschlagnahmen daraufhin englische Güter auf ihrem Gebiet.

1451: Wiederholte (und letzte) Handelssperre gegen Flandern

1454: Polnisch-preußischer Krieg. Er endet mit der Unterwerfung Westpreußens unter polnische Oberhoheit. (1466)

1455: In Lübeck bildet sich der Berufsstand der „Frachther-
ren", die dem Frachtgeschäft eine feste Ordnung geben. Sie
nehmen Frachtaufträge entgegen und verteilen die Ladun-
gen auf die Schiffe; sie überwachen das Beladen und kon-
trollieren die Ausrüstung und Bewaffnung der Mannschaft.

1457: Der Hansetag verurteilt 30 Städte wegen Fernbleibens zu
einer Geldbuße, sofern sie sich nicht mit plausiblen Gründen entschuldigten.

1466: Mit dem (zweiten) Frieden von Thorn endet die unruhi-
ge, dem Handel schädliche Zeit, die nach der Niederlage
des Deutschen Ordens eingesetzt hatte. Westpreußen
kommt unter polnische Herrschaft.

1470: Die langanhaltenden Spannungen mit England führen
zum Krieg.

1471: Ausschluß Köln aus der Gemeinschaft, weil es sich nicht
den Hansebeschlüssen unterwerfen will und eine eigene
Kaufmannsgenossenschaft gründet. (Fünf Jahre später
wird Köln wieder in die Hanse aufgenommen).

1474: Der Frieden von Utrecht beendet die Auseinandersetzungen mit England. Der König und das Parlament bestätigen
alle Privilegien. Köln findet in die Hanse zurück, wird aber
zu Entschädigungszahlungen verurteilt. Der Historiker Philippe Dollinger hält diesen Frieden für eines der bedeu-
tendsten Hanse-Ereignisse. Der Bund stellt sein internatio-
nales Ansehen wieder her und sichert für ein weiteres
Jahrhundert seine wirtschaftliche Position in England.

1478: Iwan III. zerstört die Stadtrepublik Nowgorod und
nimmt der Hanse damit ihre Basis im Osten.

1482: Die Entscheidungen der Hansetage werden erstmals als
Teilsammlung in einem Textbuch zusammengefaßt. Als
Buch gedruckt werden sie erst 1530.

Ende 15. Jahrhundert: Die Kontore in Nowgorod und Brügge
verfallen

1507: Ludwig XII. schreibt einen Brief an „die 72 Städte Eurer Gemeinschaft und Konföderation". Nach Auffassung jüngerer Historiker haben aber wesentlich mehr Städte zur Hanse gehört. Zählt man alle Städte dazu, deren Bürger Handelsprivilegien im Ausland in Anspruch nehmen, dann kommt man auf eine Zahl um 200.

1514: Das Hansekontor in Nowgorod erhält seine Privilegien zurück, aber der Handel blüht nicht wieder auf.

1518: Der Hansetag teilt mit, daß 31 Städte aus der Hanse ausgeschlossen sind, weil sie die Rechte und Pflichten des Bundes nicht mehr erfüllen.

1520: Niedergang des Handels in Bergen. Die Häuserzahl der „Deutschen Brücke" geht um die Hälfte zurück. Dennoch entwickeln sich die Handelsgeschäfte weiter. Erst der Ausbruch des Dreißigjährigen Krieges bedeutet für den Handel das Aus.

1522: Beginn der Ausbreitung lutherischer Lehren in Norddeutschland.

1530: Das hansische Seerecht – das allerdings sehr uneinheitlich ist – wird erstmals als Buch gedruckt.

1534: Lübeck wird von den anderen Städten im Kampf gegen Dänemark alleingelassen. Sein Prestige ist stark angeschlagen. Die Partner verhalten sich gleichgültig oder stellen sich gegen die einstige „Königin der Hanse". Lübeck ist isoliert. Dänemark, Schweden und Holland gewinnen eine zunehmend stärkere Position im internationalen Handel.

1537: In Lübeck wird Jürgen Wullenweber hingerichtet, weil er als Kriegsherr und Politiker erfolglos war. Unter der Folter hat man ihm Geständnisse über Verbrechen abgepreßt, die er niemals begangen hat.

1553: Edward VI. erklärt die Hanseprivilegien für erloschen, weil der Begriff Hanse „zu ungenau" sei.

1556: Die Hanse führt das Amt eines Syndicus ein, eine Art Geschäftsführer für laufende Aufgaben. Heinrich Sudermann wird der erste (und sehr erfolgreiche) Amtsinhaber.

1557: Versuch einer Reorganisation.

Auf dem Hansetag werden noch einmal längst gültige Statuten notifiziert: Die Pflicht aller Hansestädte, sich auf den Hansetagen vertreten zu lassen, Streitfälle in letzter Instanz dem Hansetag und nicht einem fremden Gericht zur Klärung vorzulegen, Kostenübernahme für die Sicherung der Land- und Seewege, Entschädigungen für Opfer von Angriffen, gemeinsames Vorgehen gegen Angreifer und Kontrolle der „Fremden, Müßiggänger und Handwerker". Darüber hinaus wird ein „annuum" festgesetzt, eine feste jährliche Abgabe zur Erfüllung der Aufgaben. Bis dahin hatte es nur zweckgebundene Abgaben gegeben, die bei Bedarf erhoben wurden.

1558: Iwan IV. (der Schreckliche) greift Livland an. Der Deutsche Orden kann das Land nicht verteidigen. Es ist die Fortsetzung einer rigorosen moskovitischen Expansion.

1564: Bau des Hansehauses in Antwerpen.

1565: Die Schweden beschlagnahmen 32 lübische Schiffe.

1566: Im dänisch-schwedischen („nordischen siebenjährigen") Krieg stellt sich Lübeck auf die Seite Dänemarks, um eine schwedische Vorherrschaft auf der Ostsee zu verhindern. Da die anderen Städte dem Beispiel nicht folgen, ist Lübeck isoliert.

Da Lübeck militärisch unterliegt, bedeutet dieser Krieg „das Ende der Hanse als Seemacht in der Ostsee". (Dollinger).

1567: Hamburg gewährt den englischen „Merchant Adventurers" eine Niederlassung mit weitgehenden Zollfreiheiten. Hamburg begeht damit Verrat an der Hanse, die ihrerseits zu schwach ist, um den schweren Verstoß zu sanktionieren.

1579: Nur 13 Städte legen auf dem Hansetag ordnungsgemäße Abrechnungen vor.

Die Merchant Adventurers dringen in den Ostseeraum vor und erhalten in Elbing eine privilegierte Niederlassung.

1579: Die Engländer erhalten Privilegien in Elbing.

1591: Geldnot zwingt die Hanse, von ihren Mitgliedern den vierzigfachen Beitragssatz zu erheben.

1598: Königin Elisabeth I. läßt das Londoner Hansekontor (ein Jahr nach dem Ende des Peterhofs in Nowgorod) schließen und die Hansen ausweisen. Die Gebäude des Stalhofs werden beschlagnahmt.

1601: Stade wird aus der Hanse ausgeschlossen, weil es den Engländern eine privilegierte Niederlassung erlaubt.

1603: Die Hanse beginnt, Gesandtschaften in Moskau und Spanien zu errichten.

1609: Lübeck beschwert sich in einem Brief an Hamburg , weil dieses den Ausländern zu weitgehende Rechte eingeräumt und damit dem Niedergang des lübischen Handels mitverschuldet habe.

1611: Hamburg erneuert das Privileg für die Merchant Adventurers.

1616: Die Hanse schließt ein Bündnis mit den Niederlanden, das sich in erster Linie gegen die Dänen richtet, weil sie die Sundfahrt behindern. Als fünf Jahre später wieder ein Krieg zwischen Spanien und Holland ausbricht, gibt Hamburg das Bündnis auf, um seinen Spanienhandel nicht zu gefährden.

1618: Der Ausbruch des Dreißigjährigen Krieges macht die Schwäche der Hanse offenkundig:
Sie gerät zwischen die Mühlsteine der Politik, die Polen, Schweden, Dänemark und das Reich gegeneinander aufbringt und kann sich nicht zu einer gemeinsamen „Hansepolitik" durchringen.
Die Städte kochen zwischen den kriegführenden Parteien ihre eigenen Süppchen. „Immer stärker setzte sich der Partikularismus über den Wunsch nach Einheit durch und machte selbst nach der Wiederherstellung des Friedens die

Erneuerung der hansischen Gemeinschaft unmöglich".
(Dollinger).

1623: Hamburg gründet eine „Admiralität" zur Bekämpfung der Barbaresken, die den Handel im Mittelmeerraum unsicher machen.

1624: In Hamburg wird eine Kasse gegründet, aus der die in Gefangenschaft geratenen Kaufleute freigekauft werden.

1630: Lübeck, Hamburg und Bremen schließen einen engeren Bund, der an die Stelle der Hanse tritt. (Und bis ins 20. Jahrhundert hinein hält). Juristisch gelten die drei Städte als die Erben der Hanse, obwohl sie nur noch sich selbst vertreten.

1651: Lübeck beruft einen Hansetag ein, auf dem der Handel belebt und die Privilegien wiederhergestellt werden sollen. Die Veranstaltung kommt mangels Interesses nicht zustande.

1669: Der letzte Hansetag tritt zusammen. Nur noch neun Städte sind vertreten. Ein Wiederherstellungsversuch scheitert.

Benutzte Literatur

Beneke, Otto
Hamburgische Geschichten
und Sagen
Berlin 1888

Ders.
Hamburgische Geschichten
und Denkwürdigkeiten
Berlin 1890

Dollinger, Philippe
Die Hanse
2. Auflage
Stuttgart 1976

Finder, Ernst
Hamburgisches Bürgertum in
der
Vergangenheit
Hamburg 1930

Grobecker, Kurt
800 Jahre Hafen Hamburg
Hamburg 1989

Kürtz, Hans Joachim
Zu Zeiten der Hanse
Lübeck 1983

Pagel, Karl
Die Hanse
Neu bearbeitet von Friedrich
Naab
Köln, ohne Jahr

Wacker, Willy und Anke
HanseStäde
Luzern 1992

Ziegler, Uwe
Die Hanse
Bern, München, Wien 1994

Die Hanse - Bd. I und II
Lebenswirklichkeit und
Mythos
Museum für Hamburgische
Geschichte
Hamburg 1989

*I*mpressum

Hanse zur See –
Als Pfeffersäcke nach der Weltmacht griffen
Text: Kurt Grobecker, Zeichnungen: Klaus Fischer
1. Auflage 1998

ISBN 3-88412-280-0

Herausgeber: Peter Krampe
Layout: machart, Hamburg
Lithografie: Reproform, Hamburg
Druck: C. H. Wäser, Bad Segeberg

Printed in Germany